农产品国际贸易标准比对与实务丛书

肉鸡初加工产品 生产贸易与对策

ROUJI CHUJIAGONG CHANPIN
SHENGCHAN MAOYI YU DUICE

严 寒 李瑞丽 吴忠华 主编

中国农业出版社
北 京

主　编　严　寒（江西省农业科学院）

　　　　李瑞丽（山东省烟台市农业科学研究院）

　　　　吴忠华（江西财经大学）

副主编　昌晓宇（江西省农业科学院）

参　编　（按姓氏笔画排序）

　　　　万欢欢（江西省农业科学院）

　　　　刘小兰（新余市农业农村局）

　　　　张　莉（江西省农业科学院）

　　　　赵凯文（江西省农业科学院）

　　　　赖　艳（江西省农业科学院）

　　　　魏益华（江西省农业科学院）

前 言
FOREWORD

　　中国是世界鸡肉生产、消费和贸易大国。鸡肉产业以高效率、低成本的优势在中国立足，并以国际和国内两个市场为目标，已发展成为农牧业领域中产业化程度最高的行业之一。在肉类总产量中，中国鸡肉占有率比世界鸡肉占有率低10多个百分点，而中国猪肉占有率却比世界猪肉占有率高近30个百分点，这为肉鸡行业的发展提供了空间。肉鸡产业的发展，特别是肉鸡初加工产品的出口贸易，能带来良好的社会效益，为农民提供就业机会、提高收入。为了更清楚地了解世界各国肉鸡初加工产品生产贸易情况，以便更好地研究制定相关对策，促进肉鸡的生产贸易发展，我们组织了相关人员编写本书。

　　本书首先从世界各国鸡肉生产贸易情况写到中国鸡肉生产贸易情况，以便对比发现不足；其次介绍了我国（不包括港、澳、台地区）以及主要贸易伙伴如中国香港、新加坡等的肉鸡初加工产品相关卫生质量管理要求；最后结合相关国家的卫生质量管理要求对中国鸡肉产品出口受阻原因进行了分析并提出了建议和对策。本书内容翔实、环环相扣、逻辑清晰，文字通俗易懂，适合作为科研院所相关研究人员、高等院校师生以及畜禽工作者等为主要读者的参考书，也非常适合对畜禽方面感兴趣的读者阅读。

　　本书图表数据统计过程较为烦琐，难免有欠缺之处，恳请读者随时提出宝贵意见，以便进一步改进。我们高兴地将此书献给每一位在畜禽领域工作的科技人员，并衷心希望本书实现与读者的良性互馈。

编　者
2022 年 1 月于南昌

目 录
CONTENTS

第一章 世界鸡肉生产与贸易情况

第一节 世界各大经济体鸡肉生产情况

据联合国粮食及农业组织统计，全球鸡肉产量自 21 世纪以来持续增加，2010—2016 年鸡肉产量（表 1-1）呈逐年增加趋势（图 1-1）。美国、欧盟、巴西等主要经济体的鸡肉产量在过去的 20 年间均整体增加，但通过图 1-2 和表 1-2 可以看出，鸡肉第一生产大国美国 2015 年以来鸡肉生产量增加速度明显放缓，中国与欧盟鸡肉生产量的增速相对明显。中国（不包括港、澳、台地区）鸡肉产量在 2014—2017 年较为稳定（图 1-3）。

表 1-1 2010—2016 年世界鸡肉总产量（吨）

年份	产量
2010	99 391 197
2011	103 462 205
2012	107 285 369
2013	110 937 244
2014	113 504 244
2015	116 495 718
2016	120 331 305

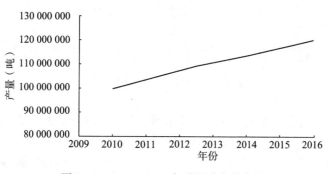

图 1-1 2010—2016 年世界鸡肉总产量

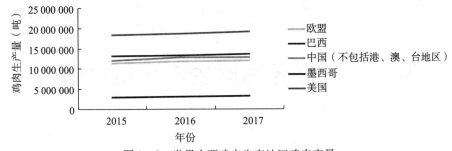

图1-2 世界主要鸡肉生产地区鸡肉产量

表1-2 世界主要鸡肉生产地区鸡肉产量（吨）

年份	巴西	中国（不包括港、澳、台地区）	欧盟	墨西哥	泰国	美国
2013	11 964 353	12 785 400	11 143 000	2 808 032	1 610 621	1 739 679
2014	12 504 387	12 257 000	1 162 000	2 879 686	1 756 536	17 729 278
2015	13 149 202	12 075 000	11 320 312	2 962 337	1 620 791	18 402 753
2016	13 234 959	12 813 542	11 919 814	3 077 874	1 580 354	18 708 465
2017	13 607 352	12 855 950	12 051 365	3 211 687	1 616 785	19 140 744

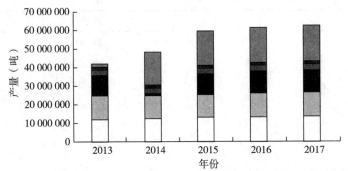

图1-3 世界主要鸡肉生产国鸡肉产量

第二节 世界各大经济体鸡肉产品 贸易情况及特点

据世界粮食及农业组织统计，世界鸡肉产品主要出口地区为巴西、美国和欧盟（表1-3），这几乎占到全球75%的出口份额，2010年以来，出口份额增幅不明显（图1-4）。但在2015年美国境内全面暴发高致病性禽流感疫情，出口受阻。而作为世界主要出口地区之一的巴西，在2015年扩大了出口量，同时俄罗斯对巴西禽产品进口机会增加，这几个因素一同影响，使得巴西2015 年鸡肉产品出口出现较大的增幅。世界鸡肉产品出口二线国家如泰国、土耳其、阿根廷等，与巴西一样在 2015 年进一步扩大了出口份额。

表 1-3　鸡肉主要出口地区出口总量（吨）

年份	欧盟	巴西	中国香港	中国（不包括港、澳、台地区）	墨西哥	沙特阿拉伯	美国
2010	2 825 656	3 460 760	695 393	164 698	10 626	15 283	3 297 309
2011	3 121 092	3 569 903	761 453	168 243	13 469	13 883	3 445 080
2012	3 121 078	3 560 370	570 869	147 275	4 317	18 266	3 597 448
2013	3 060 717	3 552 445	514 464	153 093	3 888	21 805	3 559 991
2014	3 143 440	3 648 694	616 281	170 844	7 405	25 448	3 535 699
2015	3 322 090	3 888 498	547 572	187 514	2 249	15 060	2 973 891
2016	3 547 144	3 959 394	518 490	176 335	1 998	18 985	3 112 266

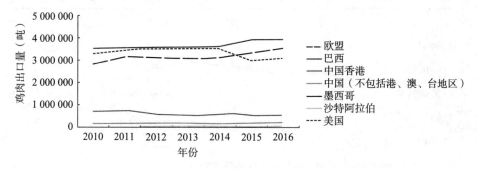

图 1-4　鸡肉主要出口地区出口总量

根据巴西动物蛋白协会（ABPA）的数据（包括整鸡、鸡块、腌制品、加工产品和香肠产品），巴西 2015 年 6 月共出口鸡肉 39.57 万吨，较 2014 年同期增长 30%。按照美元计算，2015 年鸡肉的出口价值总额为 6.85 亿美元，同比增长 9.3%。

美国作为世界鸡肉产品出口老大，在 2015 年遭遇高致病性禽流感（HPAI），多个进口地区限制其出口，其中包括主要进口地区中国香港、俄罗斯等。但这并不影响其国内的肉鸡行业，因为美国当地的市场需求很大，利润依然强劲。

鸡肉产品主要进口地区包括中国（不包括港、澳、台地区）、中国香港、沙特阿拉伯、墨西哥、欧盟等（表 1-4），这些地区的进口份额占全球 50% 以上。墨西哥、沙特阿拉伯、欧盟等地区的鸡肉产品进口份额稳定增长

（图1-5），而中国（不包括港、澳、台地区）和中国香港鸡肉产品进口贸易在2010年以后出现较大波动，但2015年进口和消费量保持与2014年相似的水平。在主要进口国中，安哥拉和贝宁由于国内收入增加而对禽产品需求增加，进口了更多的禽产品，而南非禽产品进口也上升约1%。

表1-4　鸡肉主要进口地区进口总量（吨）

年份	欧盟	巴西	中国香港	中国（不包括港、澳、台地区）	墨西哥	沙特阿拉伯	美国
2010	1 694 849	1 118	1 011 178	515 536	535 732	285 569	50 190
2011	1 856 626	2 220	1 176 978	385 498	564 314	319 366	49 207
2012	1 927 842	2 136	850 396	473 157	603 525	355 847	51 506
2013	1 935 759	3 284	723 484	540 156	667 549	355 880	56 142
2014	2 011 790	2 666	853 292	440 206	706 483	390 712	54 110
2015	2 108 156	4 038	689 391	394 275	777 035	526 492	59 970
2016	2 170 904	3 119	733 859	569 132	780 608	501 820	60 280

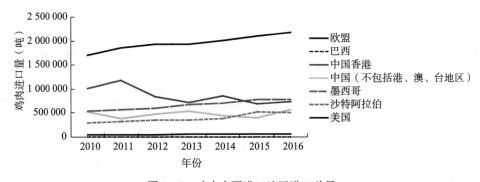

图1-5　鸡肉主要进口地区进口总量

虽然鸡肉产品贸易量在2000年以后有了大幅度增长，但自从2013年以来增长已经开始放缓，此放缓趋势在2015年仍然继续。据联合国粮食及农业组织统计，全球禽肉贸易量2015年仅增长2.6%，为1 310万吨。分析原因认为，在某种程度上，原先的传统禽产品进口国家提高了家禽生产量，从而减少了进口需求。此外，在美国的一些地区，高致病性禽流感从2015年1月开始暴发，蔓延到大多数地区，造成许多国家停止从美国进口禽产品。

第二章 中国鸡肉生产与贸易情况

第一节 中国鸡肉生产情况

中国鸡肉（包括香港）产量从 1993 年的 4 020 000 吨到 2013 年的 13 326 968吨（表 2-1），20 年间产量提高了 2 倍有余。2013—2017 年中国（包括香港）鸡肉产量只增加了 0.85%，增速明显放缓（图 2-1）。中国（包括香港）鸡肉产量占世界比重从 1993 年的 9.72% 增长到 2000 年的 14.19%，之后 2010—2016 年比重从 12.26% 小幅回落至 11.14%（表 2-2，图 2-2），但始终保持在 11% 以上。相对于鸡肉的产量而言，中国（包括香港）还是一个名副其实的鸡肉出口小国。除了在 2000 年前后的几年中鸡肉的出口比重最高达到过 5.27%，其余绝大部分年份均在 2%～4%，远远低于美国和巴西。

表 2-1 历年中国（包括香港）鸡肉产量

年份	产量（吨）
1993	4 020 000
1994	4 600 000
1995	5 500 000
1996	5 520 000
1997	6 553 000
1998	7 266 000
1999	7 476 000
2000	8 364 000
2010	12 184 797
2011	12 582 062
2012	13 198 476
2013	13 326 968
2014	12 829 138
2015	12 629 971
2016	13 406 286
2017	13 440 444

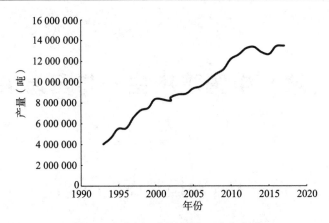

图 2-1 中国（包括香港）鸡肉产量

表 2-2 中国（包括香港）鸡肉产量占世界产量比重

年份	占世界比重（%）	年份	占世界比重（%）
1993	9.72	2005	13.05
1994	10.68	2006	13.09
1995	12.02	2007	13.49
1996	11.61	2008	13.73
1997	12.96	2009	14.02
1998	13.70	2010	12.26
1999	13.44	2011	12.16
2000	14.19	2012	12.30
2001	13.29	2013	12.01
2002	13.22	2014	11.30
2003	13.49	2015	10.84
2004	12.88	2016	11.14

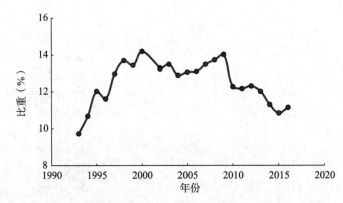

图 2-2 中国（包括香港）鸡肉产量所占世界产量比重变化

第二节　中国肉鸡初加工产品
贸易情况及特点

肉鸡初加工产品是指集约化饲养的肉鸡经屠宰初加工制成的鸡肉产品，主要是鲜冻鸡肉产品（表2-3）。

表2-3　按海关商品编码分类出口的鸡肉及其产品

海关商品编码	商品名称
02071100	整只鸡，鲜或冷的（活鸡屠宰加工后，不经冻结处理，经预冷处理的冰鲜产品）
02071200	整只鸡，冻的（活鸡屠宰加工后，经冻结处理，其中心温度在-15℃以下的产品）
02071311	鲜或冷的带骨鸡块（分割鸡肉）
02071319	鲜或冷的其他鸡块（分割鸡肉）
02071321	鲜或冷的鸡翅（不包括翅尖）
02071329	鲜或冷的其他鸡杂碎（分割鸡肉）
02071411	带骨的冻鸡块（分割鸡肉）
02071419	其他冻鸡块（分割鸡肉）
02071421	冻鸡翅（不包括翅尖）
02071422	冻鸡爪
02071429	其他冻鸡杂碎
02072400	整只火鸡，鲜或冷的
02072500	整只火鸡，冻的
02072600	火鸡块及杂碎，鲜或冷的
02072700	火鸡块及杂碎，冻的

一、总体贸易情况

从联合国粮食及农业组织数据表显示，中国（不包括港、澳、台地区）鸡肉进口贸易量（表2-4）波动较大，鸡肉出口贸易（图2-3）2009—2017年一直处于疲软期。统计数据显示，中国肉鸡产品主要出口去向经济体为日本、中国香港，主要进口来源经济体为美国、加拿大、欧盟等。中国家禽产品出口规模较小、比例低、波动性强，在世界出口市场中地位下降，中国（不包括港、澳、台地区）生产的肉鸡初加工产品主要出口对象为中国香港、中国澳门、马来西亚、中东地区等，加工品主要出口日本、欧盟、韩国等地区。中国家禽产品75%出口到亚洲其他地区，中国（不包括港、澳、台地区）出口前四大市场为日本、美国、欧盟和中国香港。进口的产品以带骨的冻鸡块、冻鸡翅和冻鸡爪以及其他冻鸡杂碎为主。另外，由于禽流感的问题，2003 年以后，中国肉鸡产品出口从过去的以生肉制品为主转为以熟制品为主。

表 2-4 中国（不包括港、澳、台地区）进出口鸡肉贸易情况（吨）

年份	进口	出口
2010	515 536	164 698
2011	385 498	168 243
2012	473 157	147 275
2013	540 156	153 093
2014	440 206	170 844
2015	394 275	187 514
2016	569 132	176 335

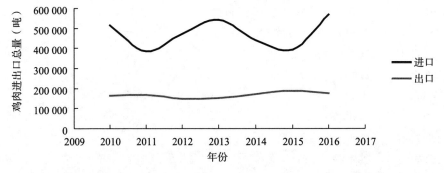

图 2-3 中国（不包括港、澳、台地区）进出口鸡肉贸易情况

2013 年，中国（不包括港、澳、台地区）鸡肉出口 52 个国家或地区，比 2012 年增加 4 个国家，出口量前三名的地区是：日本、中国香港、马来西亚。2014 年中国鸡肉及其制品出口贸易排名前 10 的国家或地区分别为日本、中国香港、马来西亚、荷兰、巴林、英国、中国澳门、格鲁吉亚、韩国、伊拉克。2015 年，中国鸡肉出口贸易首次打开北美市场。

中国鲜冻鸡肉产品的出口量从 1990 年的 3.8 万吨增长到 1995 年的 25.8 万吨，1996 年受欧盟宣布对中国禽类产品全面封关影响，中国鲜冻鸡肉出口量降至 17.4 万吨。1997 年又上升至 30.6 万吨，2000 年最高，出口量达到 37.4 万吨；2004 年受禽流感的影响降至最低，出口量仅为 9.9 万吨。2010 年上升为 164 698 吨，2014 年为 170 844 吨，2016 年小幅增加至 176 335 吨。中国经热加工的鸡肉熟肉制品 1991 年至 2002 年增长较快，出口量由 0.235 万吨上升至 16.01 万吨，平均增长率为 53.85%。

二、产品销售地域结构

1996—2013 年，中国禽肉主要的出口市场为亚洲地区，但禽肉出口的贸易国别结构发生了很大变化。2004 年之前，日本是中国鲜冻禽肉的第一大出口市场。1998 年出口到日本的鲜冻禽肉金额达到 41 207 万美元，占到总出口金额的 78.8%，2001 年和 2004 年仍然占据第一大出口市场的地位，但是比重有所下降，分别下降到 59.6% 和 58.7%，而到 2007 年，日本市场基本完全被关闭，前 20 名出口市场已经看不到日本，这不能仅仅从其进口需求的角度来解释，贸易壁垒措施是值得高度关注的因素。类似的，欧盟的瑞士、荷兰、德国等国也曾经是中国鲜冻禽肉出口的重要市场。然而由于欧盟针对禽肉的非关税措施不断增强，尤其是 2006 年启用新的食品安全法规后，鲜冻禽肉出口越来越少。

中国香港 2004 年之前一直是中国内地鲜冻禽肉销售的第二大市场，2004 年之后取代日本成为第一大市场，2007 年销售到中国香港的禽肉占中国内地禽肉总出口额的 77.47%。2013 年该比例为 68.08%，出口金额达到 35 088 万美元。虽然这其中包括一部分转口贸易，但中国香港已经成为中国内地鲜冻禽肉的主要销售目的地；除此之外，马来西亚、菲律宾、朝鲜、伊拉克、巴林、阿塞拜疆、吉尔吉斯斯坦和亚美尼亚等地都代替欧盟国家成为中国鲜冻禽肉的主要出口市场。这主要源于一方面鲜冻禽肉运输储藏问题，不利于长距离运输，另一方面这些亚洲邻国和地区对鲜冻禽肉进口的规定较少，且比较宽松。

三、出口产品结构

中国的鸡肉及其制品在国际上受到严格的限制，特别是生鸡肉。因此，中国鸡肉出口以熟制鸡肉和鸡肉制品为主，冻鸡肉和冰鲜鸡为辅，而生鸡肉出口中鸡腿和鸡胸占较大比重。另外，由于受到贸易壁垒限制及其他原因影响，中国的鸡肉在东亚和东南亚以外的很多重要市场上所占份额很小，出口结构相对单一。

中国鲜冻鸡肉出口产品是以鸡块及杂碎和鲜、冷整鸡为主，加工禽肉则以鸡肉制品为主。2013 年经过加工的鸡肉制品是第一大出口产品，出口额为 117 787.2 万美元，占总出口额的 65.03%。鸡块及杂碎（冻的）是第二大出口产品，出口金额达到 23 270.4 万美元；其次是鲜、冷整鸡，出口金额达到 15 257.2 万美元。鸡肉出口产品的集中度趋于提高。由于受到禽流感等疫情影响，以鸡肉类产品为主的中国出口贸易受到了较大冲击，2002 年以前的出口产品相对较为广泛，而 2004 年以后，鲜、冷整鸡的出口量大幅度下降，火鸡块及其杂碎、肥肝以及加工的火鸡产品等出口完全停止，出口产品主要集中在部分产品类别中，这对中国禽肉出口贸易具有较大的限制影响。

四、贸易前景

中国与世界最大鸡肉消费国美国间的贸易，还未真正打开。中美禽肉贸易的争端由来已久，始于 2004 年禽流感暴发导致的双边鸡肉贸易中止。之后近 10 年时间，美方可向中国出口冷冻禽肉制品且历来占据中国进口鸡肉量的 50%以上，而中国却只能对美出口熟制禽肉制品。2014 年 11 月 5 日，美国农业部食品安全检验局（FSIS）发布公告宣布 4 家中国家禽加工企业获得向美国出口禽肉制品的资格。这在很大程度上只是一个象征性的举动，因为合法出口到美国的鸡肉必须符合美国农业部认可的禽肉产品标准，只有美国本土、加拿大和智利的鸡肉达到了这一标准。中国企业需要从美国进口冷冻鸡肉，然后加工好并再次冷冻后运回美国。

同时，中国出口鸡肉的主要市场集中在东亚和东南亚地区，而在欧盟、俄罗斯、墨西哥、中东等作为世界主要鸡肉进口市场的国家或地区所占份额非常小。另外，近年巴西、泰国等鸡肉出口大国加大了对于日本、中国香港等中国内地传统出口国家和地区的出口。爱沙尼亚大型食品加工企业"HCScan Estonia"已获得了向中国香港出口鸡肉的许可，而菲律宾也利用其国内未暴发禽流感的优势，推动向日本出口禽类产品的计划。2014 年，中国（不包括港、澳、台地区）出口至日本的鸡肉及其制品数量为 217 416 吨，金额为 96 172.7万美元，同比 2013 年分别下降了 3%和 4.7%。

面对越来越多的国家的鸡肉产品被允许进入到日本等地区和国家，中国鸡肉出口在这些地区和国家的竞争也会随之增大，中国的出口形势也将面临不小的压力和更加严峻的挑战。

第三章 中国肉鸡初加工产品相关要求

第一节 药残与污染物要求

中国目前鸡肉产品的相关国家卫生标准有《鲜（冻）畜肉卫生标准》（GB 2707）《绿色食品　禽肉》（NY/T 753）《酱卤肉制品》（GB/T 23586）《辐照熟畜禽肉类卫生标准》（GB 14891.1）《食品中污染物限量》（GB 2762）《食品中农药最大残留限量》（GB 2763）、2002 年农业部公告第 235 号《动物性食品中兽药最高残留限量》，分别对鸡肉及其产品中的农药残留、兽药残留、重金属及微生物指标进行规定。其中，涉及农药残留 8 项、兽药残留 100 项，共计108 项。

中国国家标准对鸡肉中的菌落总数、大肠杆菌和致病菌有一定的要求。《食品中污染物限量》（GB 2762）等国家标准对鸡肉中铅、汞、无机砷、砷、镉、铜、铬、锡、铁、锌 10 项重金属作出了规定，还对鸡肉的苯并（a）芘（熏烤肉）、N-亚硝胺（肉制品）、亚硝酸盐（肉类）作了限量要求；国际食品法典委员会（CAC）仅对亚硝酸盐作了限量要求。《食品添加剂使用卫生标准》（GB 2760）中，肉及肉制品分为三大类 15 个亚类，添加剂总量有 122 种。

中国（不包括港、澳、台地区）规定了鸡肉中 108 种农兽药残留限量。中国香港规定了鸡肉及其相关产品中 155 种农兽药残留限量，中国（不包括港、澳、台地区）规定不得检出或禁用物质较多，其中有 8 种允许使用但不得检出，30 种是禁止使用的，中国香港有 39 项是与中国（不包括港、澳、台地区）同时有限量要求的，其中 33 项的限量值相同，中国（不包括港、澳、台地区）严于中国香港的有 2 项，宽于中国香港的有 4 项。中国（不包括港、澳、台地区）禁止使用林丹，中国香港对其限量值为 0.05mg/kg；中国禁止使用孔雀石绿、呋喃它酮（表 3 - 1）。

表 3－1　中国（不包括港、澳、台地区）与中国香港鸡肉相关产品中
农兽药限量规定对比（mg/kg）

项目	中国（不包括港、澳、台地区）	中国香港
与中国（不包括港、澳、台地区）标准限量一致的项目（33项）	左旋咪唑、五氯硝基苯、壮观霉素、黏菌素、溴氰菊酯、新霉素、替米考星（除了鸡肝限量中国严于中国香港外，其余产品限量一致）、泰乐菌素（除了鸡脂肪限量中国宽于中国香港外，其余产品限量一致）、双氢链霉素/链霉素、七氯、沙拉沙星、马拉硫磷、灭蝇胺、氯丹、硫丹、氟苯哒唑、氟甲喹、地克珠利（杀球灵）、达氟沙星、苄青霉素/普鲁卡因青霉素、甲硝唑、氯唑西林、磺胺类（总量）、四环素、金霉素、杆菌肽、庆大霉素、硫黏菌素、恩诺沙星、多西环素、土霉素、三聚氰胺、氯唑西林/邻氯青霉素	
规定严于中国（不包括港、澳、台地区）的项目（4项）	莫能菌素（鸡皮＋脂肪3毫克/千克，精肉1.5毫克/千克，肝脏4.5毫克/千克）、甲基盐霉素（鸡肝1.8毫克/千克、鸡精肉0.6毫克/千克、鸡脂肪1.2毫克/千克）、红霉素（鸡精肉0.2毫克/千克）、滴滴涕（鸡肉0.2毫克/千克）	莫能菌素（鸡脂肪0.1毫克/千克，肾脏0.01毫克/千克，肝脏0.01毫克/千克，精肉0.01毫克/千克）、甲基盐霉素（鸡肝0.05毫克/千克、鸡精肉0.015毫克/千克、鸡脂肪0.05毫克/千克）、红霉素（鸡精肉0.1毫克/千克）、滴滴涕（鸡肉0.05毫克/千克）
规定宽于中国（不包括港、澳、台地区）的项目（2项）	林可霉素（鸡肌肉0.1毫克/千克）、金霉素/土霉素/四环素（鸡肌肉0.1毫克/千克）	林可霉素（鸡精肉0.2毫克/千克）、金霉素/土霉素/四环素（鸡肌肉0.2毫克/千克）
有限量值规定的农兽药种类的数量	70种	155种
对方未作限量值规定的农兽药种类	69种	116种

　　中国香港对7项重金属作了规定，除了铬的限量要求与中国（不包括港、澳、台地区）一致，其余要求均宽于中国（不包括港、澳、台地区）。中国香港还对锑和锡进行了规定，而中国（不包括港、澳、台地区）没有涉及。中国（不包括港、澳、台地区）对动物产品中的硒进行了规定，而中国香港却没有涉及。中国（不包括港、澳、台地区）《食品安全国家标准　食品中污染物限量》（GB 2762）对鸡肉的苯并（a）芘（熏烤肉）、N-亚硝胺（肉制品）、亚硝酸盐（肉类）作了限量，中国香港仅对亚硝酸盐作了限量（表3-2）。

表 3－2　中国（不包括港、澳、台地区）与中国香港鸡肉中重金属限量规定对比

项目	中国（不包括港、澳、台地区）	中国香港
与中国（不包括港、澳、台地区）标准限量一致的项目	铬	—

（续）

项目	中国（不包括港、澳、台地区）	中国香港
规定宽于中国（不包括港、澳、台地区）的项目	总汞（肉 0.05 毫克/千克），镉（禽肉 0.1 毫克/千克）、铅（禽肉 0.2 毫克/千克，禽下水 0.5 毫克/千克）、砷（肉类 0.5 毫克/千克）	汞（所有固体食物 0.5 毫克/千克），镉（禽肉 0.2 毫克/千克）、铅（所有固体食物 6 毫克/千克）、砷（1.4 毫克/千克）
中国（不包括港、澳、台地区）有限量规定而中国香港没有的项目	硒（禽肉 0.5 毫克/千克，肾 3 毫克/千克）	—
中国香港有限量规定而中国（不包括港、澳、台地区）没有的项目	—	锑（1 毫克/千克）、锡（230 毫克/千克）

中国香港除了规范了抗氧化剂和防腐剂，其他的食品添加剂主要参考 CO-DEX 标准（CODEX STAN 192-1995，Rex. 2007）。

中国香港对即食食品进行微生物含量评估，可把食物质素分为下列四级。A 级：食物样本的微生物状况令人满意；B 级：食物样本的微生物状况未达满意水平，不过仍可以接受，食物可供人食用；C 级：食物样本的微生物状况不能令人满意，可能是食物业处所的卫生情况欠佳，食物业处所持牌人应查究原因，并采取措施改善，当局或会再次抽查食物样本，以确定卫生情况是否改善；D 级：食物样本的微生物状况不可接受，食物样本含有的致病菌超出可接受的水平，可危害人体的健康。

根据微生物质素的分类，中国香港对需氧菌落计数、大肠杆菌（总数）、致病菌（弯曲杆菌、大肠杆菌 O157、单核细胞增生李斯特菌、沙门氏菌、霍乱弧菌、副溶血弧菌、金色葡萄球菌、产气荚膜梭菌、蜡样芽孢杆菌）均有评估，规定了其含量上限（表 3-3、3-4）。

表 3-3　评估食品分类表

食物类别	食　品	类别
肉类	牛肉汉堡包和肉串	1
	点心	2
	涂酱（肉类、海鲜或蔬菜）	3
	家禽（未切片）	2
	腌制肉类	4
	沙乐美肠和发酵肉类制品	5
	香肠	2

（续）

食物类别	食 品	类别
肉类	烟熏肉类	5
	烧味和卤味	3
	切片冻肉（火腿和舌肉）	4
	切片肉干（牛肉、猪内脏、猪肉、家禽等）	3
	牛排	2
	牛肚和其他内脏	4

资料来源：根据技贸网（www.tbtsps.cn）及中国香港相关标准编制。

表 3-4　中国香港评估即食食品微生物质素的微生物含量上限

准　则		微生物质素（每克食物样本的菌落形成单位，另有指定者除外）			
		A 级：满意	B 级：可接受	C 级：不满意	D 级：不可接受
需氧菌落计数（30℃/48h）					
食物类别	1	$<10^3$	$10^3 \sim 10^4$	$\geqslant 10^4$	不适用
	2	$<10^4$	$10^4 \sim 10^5$	$\geqslant 10^5$	不适用
	3	$<10^5$	$10^5 \sim 10^6$	$\geqslant 10^6$	不适用
	4	$<10^6$	$10^6 \sim 10^7$	$\geqslant 10^7$	不适用
	5	不适用	不适用	不适用	不适用
指示微生物（适用于所有食物类别）					
大肠埃希氏菌（总数）		<20	$20 \sim 100$	$\geqslant 100$	不适用
致病菌（适用于所有食物类别）					
弯曲杆菌		未检出/25g	不适用	不适用	检出/25g
大肠杆菌 O157		未检出/25g	不适用	不适用	检出/25g
单核细胞增生李斯特菌		未检出/25g	不适用	不适用	检出/25g
沙门氏菌		未检出/25g	不适用	不适用	检出/25g
霍乱弧菌		未检出/25g	不适用	不适用	检出/25g
副溶血弧菌		<20	$20 \sim 100$	$100 \sim 1\,000$	$\geqslant 10^3$
金色葡萄球菌		<20	$20 \sim 100$	$100 \sim 10^4$	$\geqslant 10^4$
产气荚膜梭菌		<20	$20 \sim 100$	$100 \sim 10^4$	$\geqslant 10^4$
蜡样芽孢杆菌		$<10^3$	$10^3 \sim 10^4$	$10^4 \sim 10^5$	$\geqslant 10^5$

资料来源：根据技贸网（www.tbtsps.cn）及中国香港相关标准编制。

第二节　肉鸡初加工产品屠宰、分割、加工等方面相关法律法规、标准体系

一、相关法律、法规

中国（不包括港、澳、台地区）相关法律、法规主要有《中华人民共和国进出口商品检验法》《中华人民共和国进出境动植物检疫法》《中华人民共和国动物防疫法》《中华人民共和国食品卫生法》《中华人民共和国产品质量法》《中华人民共和国进出境动植物检疫法实施条例》《中华人民共和国进出口商品检验法实施条例》《中华人民共和国兽药管理条例》《中华人民共和国饲料管理条例》《中华人民共和国农药管理条例》《中华人民共和国种畜禽管理条例》。

二、动物卫生控制规定

中国（不包括港、澳、台地区）动物卫生控制相关规定主要有《供港澳活禽检验检疫管理办法》（国家质量监督检验检疫总局令第 26 号）、《动物疫情报告管理办法》（1999 年 10 月 20 日农业部发布）、《国家动物疫情测报体系管理规范（试行）》、《国家高致病性禽流感防治应急预案》、《关于印发〈高致病性禽流感防治技术规范〉等 7 个重大动物疫病防治技术规范的通知》等。

三、进出口肉类生产加工卫生安全控制

中国（不包括港、澳、台地区）对于肉类生产加工卫生安全控制实行以下法律：《进出境肉类产品检验检疫管理办法》（国家质量监督检验检疫总局令 2002 年第 26 号）、《出口肉禽饲养用药管理办法》、《出口禽肉及其制品检验检疫要求》、《出口食品企业注册管理》。

中国香港对于肉类生产加工卫生安全控制方面要求每批成品须随货附有中国内地出入境检验检疫局的官方兽医签发的卫生证书。而且将现有禽肉卫生证书的卫生声明中加入"用作生产本批次禽肉的活禽在宰前经隔离检验检疫，并无感染高致病性禽流感。"其中卫生证书须明确注明："冰鲜（Chilled）"产品，出口企业名称，加工厂名称、地址、注册编号，生产日期，产品付运日期（Date of Dispatch），用作生产本批冷藏禽肉产品的饲养场注册编号，监装运载车厢封号（铅封号）。

四、针对进出口肉类产品等食品的管理

中国（不包括港、澳、台地区）针对进出口肉类产品（包括禽肉）等食品的管理遵照《出口食品生产企业卫生注册登记管理规定》（国家质量监督检验

检疫总局令 2002 年第 20 号)、《出口食品生产企业危害分析与关键控制点（HACCP）管理体系认证管理规定》(国家认证认可监督管理委员会 2002 年第 3 号公告)、《出口食品生产企业申请国外卫生注册管理办法》(国家认证认可监督管理委员会 2002 年第 15 号公告)执行。

五、残留监控

中国（不包括港、澳、台地区）对进出口肉类产品（包括禽肉）残留监控实行以下法律法规：《兽药管理条例实施细则》、《农药管理条例实施办法》(农业部令第 20 号)、《实验室残留分析质量控制指南》、《动物性食品中兽药最高残留限量》。

六、病原微生物控制

中国（不包括港、澳、台地区）对进出口肉类产品（包括禽肉）病原微生物控制执行以下法律法规：《关于执行〈鲜、冻禽产品〉国家标准的通知》《关于进一步加强对进境肉鸡产品检验检疫管理的通知》《关于进一步加强禽流感防疫检疫工作的紧急通知》《关于进一步加强进境肉类检验检疫工作的通知》《进出境肉类产品检验检疫管理办法》。

七、出口食品屠宰、加工、储运卫生控制

中国（不包括港、澳、台地区）主要针对进出口肉类产品（包括禽肉）等食品的管理文件有：《出口食品生产企业卫生注册登记管理规定》《肉类屠宰加工企业卫生注册规范》《食品生产加工企业质量安全监督管理办法》(国家质量监督检验检疫总局令第 52 号)等。

中国香港地区针对中国（不包括港、澳、台地区）销往香港地区的鸡肉产品在饲养、屠宰、运输、加工过程另有以下详细规定。

1. 饲养场　所有供港冰鲜禽肉加工厂的活禽，必须来自国家质量监督检验检疫总局或出入境检验检疫局注册的饲养场。饲养场必须是允许出口中国香港禽肉加工厂的相应饲养场。饲养场周围 1 千米范围内不能有种禽饲养场、蛋禽饲养场、集贸市场、家禽屠宰场，并要有与外界隔离的设施。一旦饲养场被纳入禽流感或其他疫病管制地区内，饲养场须暂停向其所属加工厂供应活禽。

饲养场大门口设有隔离、消毒设施；在工作人员专用通道设有消毒液喷淋装置和鞋底消毒池；饲料、疫苗、兽药、垫料等的运输通道应与垃圾处理运输通道、粪污道严格分开；场区卫生整洁、布局合理。饲养区和办公生活区严格分开；饲养区设有饲养员居住室，饲料存放室和病禽隔离饲养区、兽医工作室；进出饲养区应分别设有对车辆进行消毒的消毒液喷淋装置、车辆消毒池和

人员更衣区、消毒通道；每栋禽舍门口设有消毒地区或消毒垫；消毒设施必须保持有效性；设有防鸟、防鼠设施；不得饲养其他禽类动物。

饲养场须有经出入境检验检疫局（CIQ）培训并考核合格后备案的兽医，负责禽只的防疫和疾病控制的管理。出入境检验检疫机构根据《出口肉禽饲养用药管理办法》对肉禽饲养过程中的用药情况实施监管，根据《年度残留监控计划》实施残留检测。

饲养场在过去 180 天无高致病性禽流感和新城疫。出入境检验检疫机构须对饲养场进行禽流感和新城疫监测。供应给加工厂的活禽，须先隔离 5 天并通过禽流感诊断测试。经检验检疫合格的活禽，由出入境检验检疫机构的官方兽医签发有关证书或证明文件，并在签发后的 3 天内运抵屠宰场。运载活禽进入禽肉加工厂的车辆，不可驶经任何禽流感或其他疫病管制地区。

2. 加工厂　屠宰及加工工序，必须在国家认证认可监督管理委员会注册允许输出到中国香港的屠宰加工厂中进行。有关加工厂应按照《出口食品生产企业卫生要求》建立卫生质量体系（HACCP——危害分析及关键控制点或食物安全重点控制系统）并实施管理。

国家质量监督检验检疫总局向食物环境卫生署（以下简称"食环署"）提供一份注册允许出口中国香港加工厂及其相应饲养场和注册编号的名单，供食环署认可。如加工厂相应供应活禽的饲养场有所变更，须先得到食环署的同意。

食环署可按实际情况，对供港加工厂及其相应饲养场作定期或不定期的视察。对一些需要改善的加工厂和饲养场，提出限期整改或暂停供港整改建议，由有关检验检疫局执行并向食环署汇报执行情况。

加工厂活禽来源必须来自其相应饲养场。加工厂须设有防疫消毒设施；不得饲养屠宰活禽以外的动物。加工厂必须专厂专线、生产单一类冰鲜禽肉，防止交叉污染。在加工厂内的待宰活禽须与生产和存放冰鲜禽肉的场所完全分隔开。活禽进入加工厂后，驻厂兽医须核实由出入境检验检疫机构签发的有关证书或证明文件，并进行宰前检查。在整个加工流程中，禽只之间要有足够空间，防止接触及交叉污染。

用作禽只脱毛的器具、物料须符合食用安全和保持清洁卫生。禽只开膛时，应避免刺破内脏。每次开膛后的工具须经过清洗。去脏后，屠体和内脏不可再接触。禽只屠宰后，由驻厂兽医在出入境检验检疫人员的监督下进行宰后检验，确保合格后供人食用。

屠体和内脏经分开处理及洗净后，需经过基本预冷（primary chilling）工序。在宰后 1 小时内，屠体温度降至 8℃及以下，在宰后 12 小时内，屠体温度降至 4℃及以下，其后保持不高于 4℃。在宰后 2 小时内，内脏温度降至

4℃及以下，其后保持不高于 4℃。

一旦加工厂被纳入禽流感或其他疫病管制地区时，加工厂须暂停向中国香港输出冰鲜禽肉和内脏。

3. 包装 所有可能接触冰鲜禽肉和内脏的容器、包装物料、冰块、干冰，必须洁净卫生、状况良好。冰鲜禽只屠体和内脏须分开封闭包装。整只屠体须独立包装，而分割屠体和内脏可作单件或多件一起包装。包装须在不高于 15℃的环境下进行。

经包装的冰鲜禽肉及内脏须牢固、清晰地标明出口加工厂卫生注册编号及以下主要资料：商品名称、冰鲜禽类名称、内脏名称或品牌全名；如非单一类切割冰鲜禽肉件（块）或内脏，须在配料表中将成分按重量由多到少列出［注：独立包装冰鲜禽只、单一类切割冰鲜禽肉件（块）及单一类内脏则不用标示配料表］［USE BY ＿＿＿ DATE ＿＿＿ MONTH ＿＿＿ YEAR/此日期前食用＿＿＿年＿＿＿月＿＿＿日］的标示（必须同时以中文和英文作标示）和生产日期；冰鲜禽肉或内脏的数量或重量；加工厂或包装商名称及地址；储存方式或使用说明。

4. 运送 产地检验检疫机构对供港冰鲜禽肉执行现场监装，封签运载车厢，并在卫生证书上注明封号。前往加工厂运载或正在运载冰鲜禽肉的车辆，不可驶经任何禽流感或其他疫病管制地区。

运送过程中分别对车运、船运、空运 3 种方式解释说明。

其一，冰鲜禽肉及内脏运输车硬件条件：应设有密封式的运货车厢，并设有冷藏装置，冷冻温度应保持在 0～4℃，在任何情况下都不得超过 8℃；货车的运货车厢内墙须平滑而不渗水，以方便清洗；在运送期间，货车的运货车厢内须设有金属或塑料盛载器，以供分开存放冰鲜禽肉及内脏；货车须设有温度记录装置，在运送途中持续把运货车厢的温度记录在操作图表上；温度显示器须设在货车外面，以便司机可随时监察运货车厢内的温度。

在车运冰鲜禽肉及内脏期间须遵守的规定：货车运货车厢必须保持清洁，不得存有废物、污物或其他异物，并应于每次装运前后清洗消毒；货车的运货车厢只可用作运送冰鲜禽肉及内脏，而不得同时运送任何其他物品；存放在货车运货车厢内的冰鲜禽肉及内脏，冷冻温度应保持在 0～4℃，在任何情况下都不得超过 8℃，而存放方式须能确保冰鲜禽肉及内脏保持清洁；除装卸冰鲜禽肉及内脏外，货车车厢的所有门窗均须关闭妥当，在运货车厢载有冰鲜禽肉及内脏时，其冷冻装置须不断保持运转；除为了装卸冰鲜禽肉、内脏或清洗、消毒和维修货车运货车厢外，任何人不得进入运货车厢内；货车运货车厢的冷藏装置及温度计须在任何时刻保持良好的操作状况。

其二，船运冰鲜禽肉及内脏须符合下列条件：冰鲜禽肉及内脏须用密封的冷藏柜盛载，并在运送途中将冷冻温度保持在 0～4℃，在任何情况下都不得超过 8℃；冷藏柜内壁须平滑而不渗水，以方便清洗；冷藏柜须设有温度记录装置或其他相同功能的独立温度计，在运送途中持续把运货货柜的温度记录在操作图表上。

船运冰鲜禽肉及内脏期间须遵守的规定：冷藏柜内必须保持清洁，不得存有废物、污物或其他异物。盛装冰鲜禽肉及内脏后的冷藏柜应在每次装运前后清洗消毒；冷藏柜的冷藏装置及温度计或其他独立的温度计须在任何时刻保持良好的操作状况。

其三，空运冰鲜禽肉及内脏须符合下列条件：冰鲜禽肉及内脏须用合适容器盛载，运送途中冷冻温度应保持在 0～4℃，在任何情况下都不得超过 8℃；所有可能接触冰鲜禽肉及内脏的容器、干冰或冷藏物料，必须清洁卫生，状况良好。

空运冰鲜禽肉及内脏期间须遵守的规定：盛装冰鲜禽肉及内脏的容器应在装运前清洗消毒，容器须完好无缺。

八、相关标准

中国（不包括港、澳、台地区）颁布以下相关标准：《屠宰和肉类加工企业卫生管理规范》（GB/T 20094）、《肉鸡屠宰操作规程》（GB/T 19478）、《畜禽屠宰 HACCP 应用规范》（GB/T 20551）、《家禽屠宰质量管理规范》（NY/T 1340）、《畜类屠宰加工通用技术条件》（GB/T 17237）、《肉鸡屠宰质量管理规范》（NY/T 1174）、《畜禽屠宰卫生检疫规范》（NY 467）、《无公害农产品生产质量安全控制技术规范 第 12 部分：畜禽屠宰》（NY/T 2798.12）、《畜禽屠宰加工设备通用要求》（GB/T 27519）、《鸡胴体分割》（GB/T 24864）等。

第四章　其他国家肉鸡初加工产品相关要求

第一节　残留限量要求

新加坡鸡肉残留限量要求

新加坡鸡肉农兽药限量要求中规定了鸡肉及其相关产品中 50 种农兽药残留限量（中国（不包括港、澳、台地区）规定了鸡肉中 108 种农兽药残留限量，其中有限量值要求的有 70 种），有 25 项是与中国同时有限量要求的，其中 18 项的限量值相同，中国（不包括港、澳、台地区）严于新加坡的有 1 项，宽于新加坡的有 6 项（表 4 - 1）。

表 4 - 1　中国（不包括港、澳、台地区）与新加坡鸡肉相关产品中农兽药限量规定对比

项目	中国（不包括港、澳、台地区）	新加坡
与中国（不包括港、澳、台地区）标准限量一致的项目（18 项）	达氟沙星、地克珠利、林可霉素、噁喹酸、氯苯胍、盐霉素、二氟沙星、阿莫西林、氨苄西林、沙拉沙星、新霉素、磺胺类（总量）、多西环素、庆大霉素、四环素、土霉素、金霉素、氯唑西林/邻氯青霉素	
规定严于中国（不包括港、澳、台地区）的项目（6 项）	甲基盐霉素（鸡精肉 0.05 毫克/千克）、氯羟吡啶（鸡肝 1.5 毫克/千克、鸡精肉 0.5 毫克/千克、鸡肾 1.5 毫克/千克）、莫能菌素（鸡皮＋脂肪 0.05 毫克/千克、鸡肝 0.05 毫克/千克、鸡精肉 0.05 毫克/千克）、马杜拉霉素（鸡脂肪 0.4 毫克/千克）、双氢链霉素/链霉素（鸡脂肪 0.5 毫克/千克、鸡肝 0.5 毫克/千克、鸡精肉 0.5 毫克/千克、鸡肾 1.0 毫克/千克）、泰乐菌素（鸡脂肪 0.1 毫克/千克、鸡肝 0.1 毫克/千克、鸡精肉 0.1 毫克/千克、鸡肾 0.1 毫克/千克）	甲基盐霉素（鸡肝 0.05 毫克/千克、鸡精肉 0.015 毫克/千克、鸡脂肪 0.05 毫克/千克）、氯羟吡啶（鸡肝 15 毫克/千克、鸡精肉 5 毫克/千克、鸡肾 15 毫克/千克）、莫能菌素（鸡皮＋脂肪 3.0 毫克/千克、鸡肝 4.5 毫克/千克、鸡精肉 1.5 毫克/千克）、马杜拉霉素（鸡脂肪 0.48 毫克/千克、鸡肝 0.72 毫克/千克、鸡精肉 0.24 毫克/千克、鸡皮 0.48 毫克/千克）、双氢链霉素/链霉素（鸡脂肪 0.6 毫克/千克、鸡肝 0.6 毫克/千克、鸡精肉 0.6 毫克/千克、鸡肾 1.0 毫克/千克）、泰乐菌素（鸡脂肪 0.2 毫克/千克、鸡肝 0.2 毫克/千克、鸡精肉 0.2 毫克/千克、鸡肾 0.2 毫克/千克）
规定宽于中国（不包括港、澳、台地区）的项目（1 项）	红霉素（鸡肝 0.1 毫克/千克）	红霉素（鸡肝 0.4 毫克/千克）

（续）

项目	中国（不包括港、澳、台地区）	新加坡
有限量值规定的农兽药种类的数量	70 种	50 种
对方国家未作限量值规定的农兽药种类	83 种	25 种

新加坡鸡肉重金属限量要求中对 5 项重金属作出规定，镉、铅、砷的限量要求均宽于中国（不包括港、澳、台地区）。新加坡还对铜和锡进行了规定，而中国（不包括港、澳、台地区）没有涉及。中国（不包括港、澳、台地区）对动物产品中的硒进行了规定，而新加坡却没有涉及（表 4-2）。

表 4-2　中国（不包括港、澳、台地区）、中国香港与新加坡鸡肉中
重金属限量规定之间对比

项目	中国（不包括港、澳、台地区）	新加坡
规定宽于中国（不包括港、澳、台地区）的项目	镉（禽肉 0.1 毫克/千克），铅（禽肉 0.2 毫克/千克，禽下水 0.5 毫克/千克）、总砷（肉类 0.5 毫克/千克）	镉（禽肉 0.2 毫克/千克）、铅（2.0 毫克/千克）、砷（1.0 毫克/千克）
中国（不包括港、澳、台地区）有限量规定而新加坡没有	硒（禽肉 0.5 毫克/千克，肾 3 毫克/千克），总汞（肉 0.05 毫克/千克），铬（1.0 毫克/千克）	—
新加坡有限量规定而中国没有	—	铜（20 毫克/千克）、锡（250 毫克/千克）

第二节　微生物污染限量要求

一、新加坡

新加坡规定用于人类消费的食品应不含有致病菌；大肠杆菌污染不得超过 20 个/克；在需氧情况下，37℃培养 48h 细菌总数限量值为 $1×10^6$ 个/克。

二、日本

日本对冷冻食品和肉制品等的微生物有严格的要求，大肠菌群、沙门氏菌不得检出；加热后食用（不含冷冻前立即加热食品）、干燥和加热后的肉制品大肠杆菌不得检出；对金黄色葡萄球菌、梭菌、需氧微生物在 30℃的含量也有明确规定。对鸡肉熟食制品要求细菌总数小于 $1×10^4$ 个/克，大肠菌群小于

3MPN/克,金黄色葡萄球菌、沙门氏菌不得检出(表4-3)。

表4-3 日本微生物限量要求

微生物	食品	其他信息	限量(MPN/克)
需氧微生物30℃	冷冻食品	加热后食用	<3 000 000
需氧微生物30℃	冷冻食品	加热后食用及冷冻前立即加热	<100 000
需氧微生物30℃	冷冻食品	食用前无须加热	<100 000
大肠菌群	冷冻食品	加热后食用及冷冻前立即加热	未检出
大肠菌群	冷冻食品	食用前无须加热	未检出
大肠菌群	肉制品	加热,容器包装后巴氏消毒	未检出
大肠杆菌	冷冻食品	加热后食用,不含冷冻前立即加热食品	未检出
大肠杆菌	肉制品	干燥	未检出
大肠杆菌	肉制品	指定(加热)	<100
大肠杆菌	肉制品	(未加热)	<100
大肠杆菌	肉制品	加热,容器包装后巴氏消毒	未检出
梭菌	肉制品	指定(加热)	<1 000
梭菌	肉制品	加热,容器包装后巴氏消毒	<1 000
沙门氏菌	肉制品	指定(加热)	未检出
沙门氏菌	肉制品	(未加热)	未检出
沙门氏菌	肉制品	加热,容器包装后巴氏消毒	未检出
金黄色葡萄球菌	肉制品	指定(加热)	<1 000
金黄色葡萄球菌	肉制品	(未加热)	<1 000
金黄色葡萄球菌	肉制品	加热,容器包装后巴氏消毒	<1 000
细菌总数	鸡肉	鸡肉熟食制品	<1 000
大肠菌群	鸡肉	鸡肉熟食制品	<3
细菌总数	鸡肉	鸡肉熟食制品	<1 000
金黄色葡萄球菌	鸡肉	鸡肉熟食制品	未检出
沙门氏菌	鸡肉	鸡肉熟食制品	未检出

资料来源:根据技贸网(www.tbtsps.cn)及日本相关限量标准编制。

三、韩国

韩国对肉制品的微生物有严格的要求。结核杆菌、炭疽病菌、沙门氏菌、金黄色葡萄球菌、副溶血弧菌、产气荚膜梭菌、李斯特菌、大肠杆菌O157:H7、空肠弯曲杆菌、蜡状芽孢杆菌、小肠结肠炎耶尔森氏菌均不得检出,加工肉制品的大肠杆菌,灭菌肉制品的细菌数均为不得检出,巴氏杀菌的肉制品中的沙门氏菌、大肠杆菌 O157：H7 不得检出。对巴氏杀菌的肉制品要求细菌数小于 1×10^6 个/克，大肠菌群小于 10MPN/克（表 4-4）。

表 4-4 韩国微生物限量要求

微生物	食品	限量	食品
大肠菌群	加工的肉类和蛋类产品	≤10 个/g	限于巴氏杀菌的产品
大肠菌群	加工的肉类和蛋类产品	阴性	加工肉制品
细菌数	加工的肉类和蛋类产品	阴性	限于灭菌产品
细菌数	加工的肉类和蛋类产品	10 000 个/g	限于巴氏杀菌的产品
沙门氏菌	加工的肉类和蛋类产品	阴性	限于巴氏杀菌的产品
大肠杆菌 O157：H7	加工的肉类和蛋类产品	阴性	限于切碎原料产品
结核杆菌	肉及肉制品	不得检出	
炭疽病菌	肉及肉制品	不得检出	
沙门氏菌	肉	不得检出	用于进一步加工的原料除外
金黄色葡萄球菌	肉	不得检出	用于进一步加工的原料除外
副溶血弧菌	肉	不得检出	用于进一步加工的原料除外
产气荚膜梭菌	肉	不得检出	用于进一步加工的原料除外
李斯特菌	肉	不得检出	用于进一步加工的原料除外
大肠杆菌 O157：H7	肉	不得检出	用于进一步加工的原料除外
空肠弯曲杆菌	肉	不得检出	用于进一步加工的原料除外
蜡状芽孢杆菌	肉	不得检出	用于进一步加工的原料除外
小肠结肠炎耶尔森氏菌	肉	不得检出	用于进一步加工的原料除外

资料来源：韩国《食品公典》。

四、美国

美国对不同品种鸡肉中微生物的检测指标是：沙门氏菌、大肠杆菌。中国对禽肉的菌落总数、大肠菌群、致病菌（沙门氏菌、致泻大肠杆菌、出血性大肠杆菌、单核细胞增生李斯特氏菌）规定了限量标准（表 4-5）。

表 4-5 美国微生物限量要求

微生物	食品	限量	取样方法
沙门氏菌	碎鸡肉	执行标准（沙门氏菌阳性百分比）：44.6%	测试样品数（n）：53 满足标准的最大阳性数（c）：26
沙门氏菌	碎火鸡肉	执行标准（沙门氏菌阳性百分比）：49.9%	测试样品数（n）：53 满足标准的最大阳性数（c）：29

（续）

微生物	食品	限量	取样方法
沙门氏菌	肉鸡	执行标准（沙门氏菌阳性百分比）：20%	测试样品数（n）：51 满足标准的最大阳性数（c）：12
大肠杆菌	鸡	低限（m）：100CFU/mL 高限（M）：1 000CFU/mL	测试样品数（n）：13 低限和高限间允许的最大样本数（c）：3
大肠杆菌	火鸡	低限（m）：NA 高限（M）：NA	测试样品数（n）：NA 低限和高限间允许的最大样本数（c）：NA
沙门氏菌	火鸡	执行标准（沙门氏菌阳性百分比）：NA	测试样品数（n）：NA 满足标准的最大阳性数（c）：NA
大肠杆菌	平胸鸟	低限（m）：NA 高限（M）：NA	测试样品数（n）：NA 低限和高限间允许的最大样本数（c）：NA
沙门氏菌	平胸鸟	执行标准（沙门氏菌阳性百分比）：NA	测试样品数（n）：NA 满足标准的最大阳性数（c）：NA
大肠杆菌	雏鸟	低限（m）：NA 高限（M）：NA	测试样品数（n）：NA 低限和高限间允许的最大样本数（c）：NA
沙门氏菌	雏鸟	执行标准（沙门氏菌阳性百分比）：NA	测试样品数（n）：NA 满足标准的最大阳性数（c）：NA

资料来源：根据技贸网（www.tbtsps.cn）及美国相关限量标准编制。

注：n 指同一批次产品应采集的样品数；c 指最大可允许超出 m 值的样品数；m 指微生物指标可接受水平的限量值；M 指微生物指标的最高安全限量值；NA 指营养琼脂培养基。

第三节 饲养、屠宰、初加工、包装等相关要求

一、新加坡

1. 新加坡出口屠宰企业认证条件 申请新加坡许可证的前提是满足卫生肉类和水产品法的 11 项。获得许可的屠宰工厂必须严格执行这 11 项法规。任何许可证持有人一旦违反上述条件之一，经证实，可处罚款不超过 10 000 美元或 12 个月的监禁或两者。许可证可被暂停或撤销。直到屠宰工厂正常运行，许可证将继续有效。

（1）结构。

①厂房的建设，包括其结构、房间和部门必须建设良好，保持维修并有足够的规模，在一定程度上使加工、处理和存储产品不给产品混入异物或不卫生创造条件。

②工厂的设计在一定程度上必须单向运行，这是为了防止活禽与待分割体的交叉感染。基于这点，屠宰和分割必须得分开。

③厂房应涂上浅色并耐用的漆，易于清洗。

④天花板必须能防止结露、渗漏及霉变的形成，并且可以很容易清洗。所有车间的天花板至少3米高。

⑤墙壁、地板、天花板、隔板和门，必须用具有平滑和持久的不透水材料以防潮，能进行清洗和消毒以防止异物混入。

⑥窗户和所有通风口必须用网筛，以防止灰尘和苍蝇、老鼠等有害生物进入。

⑦地面必须由防滑材料铺成。且具有一定坡度，以防止积水堵塞。

⑧所有地面和墙壁交界处应成内弯形，半径最少为75毫米。墙与墙的交界处也应成内弯形，半径最少为25毫米。

⑨必须有污水处理系统，若污水中含有固体，应在排污前把固体进行分离。

⑩充足的消毒，如必须在加工区的入口提供脚浴设施。

⑪要有足够的洗手池与自动出水的水龙头、皂液、一次性纸巾。

⑫分割区域的所有接触面必须是无毒、光滑、不透水的。

⑬不同的操作部门必须有明确的分工。

⑭击晕、放血、烫毛、打蜡（限鸭）和去毛必须在一个单独的区域。放血和去毛区应与活禽有一墙之隔。

⑮必须有一个清洁卫生的操作系统处理羽毛。无毒打蜡可以用于去羽毛。

⑯提供一个专门去内脏的区域，去完毛的禽类可以通过滑道或者斜槽到达这个区域。

⑰可食用与非食用的在加工、处理、储存方面必须严格分开，以免造成异物混入和制造不卫生环境。

⑱提供洗工具的箱子。

⑲每间房屋都得有标识。

（2）接受活禽区域（卸载和等候区）。

①所有活家禽应直接送到屠宰场。未经新加坡农业食品兽医局（AVA）许可或批准不得把活家禽带出屠宰加工厂，也不能直接贩卖。

②须为待屠宰的家禽提供足够的庇护场所。

③在活家禽卸载区产生的排泄物和污水须直接排入粪池，不能对邻近单位或建筑物的其他部分产生污染。

④等候区应通风良好并提供清洗所需的水源。

⑤所有用作运载活家禽的箱子须带有标签或者标记来显示农场名称、农场

代码、农场主姓名和出场日期。

⑥所有家禽在屠宰前应给予足够的休息和水。

⑦所有活家禽应在到达屠宰厂24小时以内屠宰。

（3）屠宰。

①根据家禽的体积和重量选择合适的电压对其进行击晕。

②屠宰的方法应按照AVA提供的要求选择更人道的方法。

③宰杀后的家禽需放血约90秒。

④在宰杀点使用的刀具须用82℃的热水消毒，并定期进行消毒。

⑤除去内脏之前必须保证羽毛已经除尽，以防止交叉污染。

⑥从侧面移除内脏和在水里进行此项操作都是禁止的。

⑦家禽的泄殖腔应当用相应的切刀进行处理。经过处理后的泄殖腔应同其他内脏一起移除。

（4）监测站。

①在内脏切除完成后，监测站应提供全天候在线服务。

②监测站需提供监测镜以及浸泡于82℃恒温热水中的无菌刀。

③应有兽医检测员对屠宰前和屠宰后的内脏器官进行检测。

（5）冷藏柜。

①切除后的家禽在包装好后的1.5小时内应在4℃及以下的温度冷藏。

②冷藏柜内水流方向应同包装后的家禽搬运方向相反。

③包装后的家禽在自旋式制冷机中的时间不得低于20分钟。

④用于制冷的冰块必须来自可饮用水。

⑤冰块需妥善储存以防污染。

（6）包装后及解冻后的家禽的贴标。

①所有刚屠宰的家禽内脏都应分别贴标。

②所有标签应标明屠宰室名称及屠宰时间。禁止屠宰以后再贴标签。

③为制定客户服务的屠宰室标签需同时标注客户姓名和屠宰室名称。

④事先从AVA获得许可进行家禽或家禽块解冻的屠宰室，必须保证这些产品标签中包含以下信息：此鸡/鸭由冷冻鸡鸭解冻而来不可再次冷冻；请在生产日期后3天内使用；如为进口鸡鸭，请冷藏并标明原产地国家。

（7）冷藏与冷冻。

①应提供充足的内置冷藏和冷冻设备。

②冷藏柜的温度应保持在0～4℃，冷冻室需在−18℃及以下。每个冷藏室、冷冻室都应配有温度记录器或图表和相应的指示牌来标明温度。温度图表应保留至少3个月，供来自AVA的检测。

③冷藏室和冷冻室不得超载。

④为保证在储存过程中冷空气的正常循环，冷藏室和冷冻室中需安装足量的由不透水材料制成的储存架用于加湿。

⑤制冷机和冷冻机必须始终保持在卫生条件下运行，不能形成积冰。

⑥在没有 AVA 的允许下，不能把冷柜、冰箱、冷藏集装箱及冷藏车作为长久冷藏或冷冻产品的地方。

（8）解冻。

①解冻加工冻禽肉在没有 AVA 的允许下不能实施。

②当被允许可以解冻加工后，需再配备相应的车间和设施。

③解冻加工的车间温度约 12℃。

（9）分割。

①分割车间必须是由官方核准的单独的车间。

②车间温度应控制在 12～15℃。

③分割用的刀具应在 82℃的热水中进行消毒。

④不能用真空滚筒式烘干机对冻禽肉进行解冻。

（10）包装车间。

①合理的位置应在分割和冻库之间。

②车间温度应控制在 12～15℃。

③只有当天需要用的内包和外箱才能放置在车间里。

④操作台必须是不锈钢的。

（11）非食品类的储存。

①只能用新的干净的包装材料。

②有一个专门存储包装材料的地方。

③化学品、洗涤剂和任何有害的材料必须有适当的标签，在一个单独的存储区中存储。工厂储存和使用的化学品必须通过许可。

④工厂的危险品必须放置在远离储存食品的地方。

（12）设备清洗间。

①需要有一个设备清洗间或划出一个单独的区域。

②清洗设备所需的化学品必须达到食品级。

③在清洗有油脂的设备、器具和地板时需用热水。

（13）设备和器具。

①设备和器具需有较强的耐用性，并且保留在正常使用条件下具有的特性。

②只有食品级润滑剂才能用于机器设备。所有与食物接触的任何设备和器具，其表面使用的材料都不能传递有害物质或串色串味，平时使用的机械设备应该具有以下几项条件：安全无毒；耐用、耐腐蚀、不吸水；重量和厚度能承受反复清洗；洗完后的表面是平滑发亮、易于清洗的；抗压、抗锤、抗划等。

（14）灯光。

①必须在加工、处理、储存或检查设备和用具的清洁区、洗手区、更衣室和洗手间配备质量好、亮度足的照明，所有照明设备外都得配上防破碎物的外壳。

②在制冷机房、干货存储区和清洗房间时，地面以上 75 厘米处的亮度至少要达到 110 勒克斯。

③至少达到 220 勒克斯的区域：冷库或冷冻柜、洗手间、器具清洗间、存储设备和器具的地方等。

④为了员工安全着想，员工在处理禽肉时或用刀、切片机、磨床或锯等工具工作时亮度至少有 540 勒克斯。

（15）通风设施。

①通风系统和设备必须足以控制气味、蒸汽和防止凝结水珠，以避免异物混入和创造不良卫生环境。

②通风系统和设备必须有足够的数量和能力，以防止墙壁和天花板收集油脂或冷凝。

③必须安装暖气、通风和空调系统，以便补充空气进气和排气，避免污染食物、设备或器具。

④避免温度过高，为员工提供一个舒服的工作环境。

（16）更衣室和洗手间。

①必须有足够数量的更衣室和洗手间，确保进出方便，有问题及时维修并始终保持在一个良好的卫生条件下。且都必须与制造加工、储存或处理车间分隔开。

②洗手间门不能开向储存和处理产品的区域。

③更衣室必须和洗手间隔开。

④洗手间旁洗手盆的水龙头是自动感应的，并配有液体洗涤剂和一次性纸巾。

⑤男女更衣室必须分开，并配有储物柜。

（17）生活间。

①应提供给员工一个生活间，用来就餐、休息和娱乐。

②该区域必须与加工制造区分开，也可以设置在更远的地方。

（18）垃圾堆放。

①污水必须排入有别于其他排水线的污水系统或者通过其他方法防止其回流到加工、处理和存储区。

②下脚料和垃圾应装在一个密封、带盖子易区分的容器里。

③下脚料和垃圾的处理应在加工期间或之后，容器在进行循环使用时需要

进行清洗和消毒。

④除非有严格的监控，不然排放污水时不能通过生产区。

（19）车间卫生。

①整个车间，包括墙壁、地面、工作台、器具和设备必须保持良好的维修，在任何时候都保持清洁和卫生。

②好的内务管理、好的生产规范和好的卫生习惯必须始终贯彻。

③必要时工作室每天都得清洗和消毒。

④所有设备、桌子、用具和防护服在使用前后必须清洗；受到污染或者一天工作结束时必须清洗和消毒；平时定期清洗。

（20）个人卫生。

①清洁度。所有当值期间的工作人员在接触产品、食品接触面和产品包装材料时必须符合卫生习惯，防止异物混入。

②接触产品的员工所穿衣物，如围裙、连衣裙和其他外衣的材料必须是一次性或易于清洗的。每个工作日都需穿戴干净的衣服、头套和靴子。为了防止交叉污染，服装类得及时更换。

③疾病控制。只要员工确诊或者疑是传染病、开放性病变，包括疖、疮、伤口感染或其他微生物污染的异常源，只要对产品产生污染的可能，就必须让其调离岗位直到康复。

④员工洗手时不能使用用于食品处理的水池，也不能在处理拖地的水或者与此类似的污水池中洗手。

⑤工作人员必须经常修剪指甲，把指甲边锉得平整、干净。

⑥接触产品的工作人员不得戴装饰品。没带紧、没扣上或任何个人原因对产品的品质产生危害都是禁止的。

⑦吸烟、嚼口香糖、乱抛垃圾及其他不良行为在车间都是禁止的。

⑧开始工作之前、去完洗手间以后都必须清洗双手。

（21）冷链系统。

①冷藏运输过程中使用的设备需达到不高于 4℃（冷藏）、不高于－18℃（冷冻）。运输过程中，家禽的中心温度应不高于 7℃（冷藏）、不高于－12℃（冷冻）。

②运输车辆必须配备足够的绝缘温度记录仪和进行维护，以防止结露。任何时候都得保持清洁和卫生。

（22）人员的健康检查。

①任何员工进厂之前，不管他的工作是直接接触产品还是清洗设备器具之类，都得进行身体检查，等拿到健康证以后方能上岗。身体检查须每年进行。医院检查时应对以前的病史以及潜在的病源如消化道疾病、皮肤病和呼吸道感

染等进行诊断。

②任何已知或怀疑患有疾病或受到病毒感染的员工，如有受感染的伤口、皮肤感染、溃疡或腹泻等症状的员工，均不能在有可能接触产品的区域工作。

（23）防虫。

①针对害虫在地面和建筑设施群集与滋生的问题，具有相应的防虫管理方案。

②防虫所用物品需按照使用说明安全有效的使用，绝对不能对产品造成污染。

③提供有效的手段对在车间里和运输工具里栖息的有害生物，如老鼠、蟑螂、苍蝇等进行整治。

④如果工厂采取的防虫措施没有取得好的效果，一定要请专业的除虫公司进行帮助。

⑤车间里不能出现诸如鸟或动物类的宠物。

（24）HACCP（风险分析及关键控制点）或同类食品安全系统。

①所有屠宰室都应实施 HACCP 或同类食品安全系统以控制在屠宰或生产过程中的潜在风险，从而保证产品和食物对顾客消费的安全。

②应保有标准卫生操作程序的相应文件档案。应建立相应的召回制度或程序以召回违反法律的消费产品。

（25）人事培训。

①所有食品操作人员都应具有相应的基本知识和技术以保证其能卫生地操作家禽及产品。他们可以参加由资深机构组织的课程、研讨会、车间或是由相关培训人员组织的室内培训课程。

②屠宰室必须保证所有人员都已接受来自 HACCP 和操作工程控制系统提供的相应培训。

（26）场地的严格使用。

①只有执照中允许的家禽类才能在屠宰室中进行屠宰。

②每间屠宰室的屠宰数量需按照 AVA 所准许的标准进行分配。此标准基于屠宰室容量以及屠宰流水线速度。

③持牌人不得将场地用于其他用途或活动，除非事先得到相关人员的允许。

④在屠宰室或其周边不得进行清洗、干燥或储存羽毛的操作。

⑤屠宰室的任何区域都不可不经 AVA 的同意作为宿舍或其他活动用途。

⑥持牌人须保证只有相关工作人员才能进入家禽屠宰操作的区域进行文件的检查以及提交。

⑦屠宰室持牌人须向 AVA 做关于家禽屠宰数量以及种类的每日报告。

⑧屠宰室持牌人须向在屠宰室做监测的相关人员提供所有的海关清关许可

证和相关文件。

2. 新加坡其他相关屠宰卫生及加工要求 其他涉及新加坡禽肉屠宰加工包装的相关法律法规有《新加坡原产局兽医公共卫生要求》《新加坡公共屠宰场卫生要求》《新加坡进口禽蛋制品热加工要求》等。具体要求如下：

（1）家禽。原产国必须在 12 个月以上的时间内无禽流感。

（2）屠宰、修整、肉品加工的卫生要求。

①每只屠宰动物必须进行宰前、宰后检验。

②除非有兽医在场，否则动物不许屠宰或修整。

③进入屠宰间的动物要清洗、屠宰及时。

④放血完全，如果血用于食用，收集和操作要卫生。

⑤动物的麻电、挂钩、放血的速度要与胴体的修整和检验速度一致。

⑥一旦剥皮开始，胴体要互相分开，以避免接触和污染。胴体、头、内脏要分开保存，直至其经检验员检验并合格为止。

⑦去皮后的胴体在开膛和检验前不得清洗。

⑧所有的胃、肠和不可食部分要在专用的隔离间内处理。

⑨在修整中会污染胴体的粪便和其他污秽物要仔细地修剔除净。

⑩屠宰场的宰后检验要在屠宰后立即进行。

⑪在最后检验之前，所有需检验的部分要与胴体保持联系，未经检验员同意，任何部分不得移走。

⑫经过检验符合人类食用的胴体和肉要打印适当标志。载有检验标志的印章要清晰，由检验员保管，并只有在其监督下才能使用。

⑬仅可使用火烙或合适的墨水标记。

⑭不适合人类消费的畜肉要放置在有明显标志的流槽、盛器、车辆、推车或房间内，其保存和处理要在检验员的监督下进行。

⑮当检验员认为动物的屠宰、修整、胴体或肉的操作、整理、包装方式会明显地对胴体或肉的清洁、产品的卫生及肉检的效果产生不良影响时，可以要求工厂经理采取行动来纠正不足或降低生产速度或在某一特定环节中止生产操作。

（3）经过宰后检验的肉品储藏和再加工的卫生要求。

①检验合格符合人类食用的肉要以防止污染和腐败的方式操作、储存、运输。

②检验合格符合人类食用的肉要无滞留地尽快运出修整间进入冷库，或在有空调的房间内进行分割和去骨。

③在进行去骨、分割、包装的车间里，空气温度要保持在 10℃以下。

④经分割、去骨和包装后的肉要立即进入冷却间或冷冻间，或进行进一步

加工。

⑤经去骨、分割、包装供冻结用的肉类要放置在冻结器内,要在36小时内将已包装肉的温度降低到－15℃,随后要保持在此温度或更低温度下。

⑥包装后的肉类只有在其包装内的温度已降低到不高于－15℃时方可从冻结器内移出。

⑦冷却间、冷冻间或冻结器都不得超过其设计能力的载荷运行。

⑧冷库温度要定时检查并记录,如果冷冻设备为非手动的,要安装自动温度记录仪。

⑨冷库门开启时间不得过长,使用后冷库门要立即关闭,并要有效地管制生产人员的进出。

⑩温度、相对湿度和空气流速要维持在保存肉品的合适范围。尽量避免温度的波动防止冷凝。

⑪在冷库中,肉要悬挂或放置在合适的容器中,使肉周围的空气保持循环。如果肉放置在浅盘中,要特别注意盘子的底部不能与下面盘子内的肉相接触。

⑫在去骨和分割间,包装材料的存放量不能超过当天需用量。要仔细地保管和使用包装材料,以保证在使用时清洁和完整。

⑬肉类生产企业只能接受由批准的出口屠宰场屠宰、经宰前宰后检验、有符合人类食用的标志、未经受污染且操作和处理方式不会使肉和肉制品不适合人类食用。

⑭所有的生产工序要尽快进行,并在防止污染、变质或有害和腐败微生物生长的卫生条件下进行。

⑮原料与半成品要与成品隔离。

⑯生、熟产品所用工器具不能交叉使用,熟制品不能与生肉、原料肉储存一处。

⑰成品存放不得接触地面,运输要在可防止成品和包装容器污染、害虫侵害、腐败的条件下进行。

⑱对硬质金属容器包装产品的加工要使其不会危害公共健康,在随后的储存、运输和销售中不会发生腐败现象。罐藏肉制品杀菌公式的时间和温度要在胜任罐头加工技术的专家推荐的基础上确定。

⑲罐头杀菌要在技术胜任人员的监督下进行,并接受检验员的检查。生产中要定时对封口进行菌数测量。所有记录,包括每批的杀菌记录,要由管理部门保存,并能向检验人员提供。

⑳对杀菌后的罐头产品要进行检验,肉眼所见的缺陷罐都要剔除。只有杀菌和保温试验取得满意结果的产品方可按批出厂。

㉑每个容器上都要打上永久性的企业、国家、产品的生产日期或批号的代码。

㉒清洗空罐用水或实罐的杀菌冷却用水只能使用饮用水。冷却水要进行加氯处理。在冷却池冷却水排放处含氯量至少达 2 毫克/千克。

（4）包装。

①要用清洁和卫生的方式储存和使用包装材料。

②肉品包裹材料要无毒，不在肉上遗留有害物质或产生对肉的其他污染。

③用于肉类包装的木箱或纸箱要有内衬。如肉品在纸箱前已分别包裹，内衬也可免用。

④用于分割肉的包装要是新的、清洁的并处于良好状态。

⑤包装材料强度足够，可在搬运、运输和储存中保护内容物不受损坏。

⑥包装的两侧要清楚地标明如下内容：包装部门的名称、地址和注册商标；有关屠宰场的编码；包装日期；内容物的净重；内容物的准确名称。

（5）运输。

①肉不得用装运活畜或其他可能受到不良影响的运输工具运输。

②肉不允许放置在装运前未经清洗的运输工具内，如有必要，还要进行消毒。

③胴体和肉，除那些经适当包装并冷冻的外，运输中均需悬挂或搁在架子等类似设备上。

④运输工具或容器的内面要用耐腐蚀的材料制成，光滑、抗渗、易于清洗和消毒。门和连接处要密封以防止昆虫进入和其他污染。

⑤运输工具的设计和设备要满足在运输过程中保持规定的温度，肉不能与地面相接触。

二、马来西亚

马来西亚主要依据的法律是 1983 年的"食物法令"和 1985 年的"食品法规"。1983 年颁布实施的"食品法令"是马来西亚的主要食物立法，而 1985 年颁布实施的"食品法规"则是对它的补充和完善，立法的主要目的是确保食品安全和保护消费者的利益。"食品法令"和"食品法规"规定了食品质量控制的不同方面，包括食品标准、食品卫生、食品进出口、食品广告以及实验室的鉴定等。特殊食品有明确成分注明以及标签要求。同时，因为马来西亚的人口中有半数以上是穆斯林人，所以对于含猪肉和酒精的食品标签要求非常严格。

1. 马来西亚相关法律　马来西亚对进口肉类和动物源性产品适用于 1953 年制定的"动物法案"（2006 年修订）框架下的进口协定，该协定规定进口的条件包括对出口工厂的注册和检查，以确认出口工厂是否遵守卫生与植物卫生措施（SPS）、兽医和哈拉（HALAL）的要求。另外，还有马来西亚农业部、兽医服务部要求；马来西亚进口家禽或鸟类胴体、产品或其分割体法规；《马来西亚兽医局关于 FATWA 哈拉屠宰过程中电击方法的决定》（认办注函〔2006〕9 号）及马来西亚清真食品标准（MS 1500：2009）。马来西亚对进口鸡肉的主要政策是：实行进口配额制，规定每年可进口鸡肉的总数量；对进口商进行资格认证，有熟食加工厂的公司才可以进口；对出口马来西亚产品进行品种限制，只能进口马来西亚不能加工的、使用劳力较多的分割产品；对进口的产品进行流通渠道限制；进口商每次进口都要申报，专门到兽医局申请批文。

2. 马来西亚相关要求　马来西亚农业部兽医局要求，中国出口马来西亚的每批冻鸡产品必须随附兽医卫生证书和肉类检验证书。证明包括：原产国或原产地在出口前 12 个月内没有禽流感、新城疫和禽霍乱；家禽是经马来西亚当局检查、认可的屠宰加工厂屠宰和加工的；胴体、产品或分割肉来自经宰前宰后检验健康的、屠宰时没有传染病临床病状的家禽。

马来西亚兽医服务部要求出口到马来西亚的家禽屠宰厂、肉工厂提供较为全面的信息，提交信息不充分或不完整，可能延误申请，提交的所有资料必须是英文的。需提供的信息主要如下。

（1）工厂情况。名称、地址、联系方式；如果工厂是租赁的，要提供租赁合同复印件；公司或工厂注册号；建厂年份；总建筑面积；生产产品类型；工厂允许向哪些国家出口产品；兽医健康卫生证书复印件；声明工厂是服务性屠宰厂还是公司专用工厂等。

（2）原料来源。原料来源清单；如果是进口原料，提供出口当局出具的健康/卫生/原产地证书；如从当地进口商购买，附购买发票；如果进口产品是清真的，附被认可的部局出具的 HALAL 证明；屠宰畜禽的来源地，是否是公司农场、合同农场或进口；家禽和产品的国内销售系统简介。

（3）陈述自己是否有质量保证程序。提交工厂简介，包括建筑外表和内部的卫生设施、员工设施、设备清洗消毒设施，汽的供应和运输，食物传送，温度控制，仓库设备的设计和安装、维护和校正，人力培训（食物处理和 HACCP），卫生和健康规定，卫生程序，昆虫控制程序，回收程序等。

（4）工厂的位置和布局、使用材料和设计。

（5）水/冰供应。

（6）人力资源。员工信息，医疗检查和历史，工作服等。

（7）屠宰厂。设备；屠宰程序；食品安全程序：卫生标准操作程序（SSOP）；每年的屠宰能力；肉的检验；去骨/分割间；仓储设施；冷却/冷冻机；废弃物处理和冷却程序等。

（8）深加工/罐头制造工厂。原料来源，设备，加工过程，食品的安全程序是否基于 HACCP 或其他等值理念，工厂做实验是否由实验室提供服务，卫生标准操作程序（SSOP），每日和每周生产情况，生产能力，仓储设施，冷却/冷冻机数量、型号（静态的、风冷的等/氨或氟），废物处理。

（9）福利/清洗设施。

（10）工厂有关的图片（照片），年度报告和其他相关信息。

（11）工厂宣言。表明提供的信息真实正确，公司服从进口国当局的所有要求；签字盖章。

3. 马来西亚进口家禽或鸟类胴体、产品或其分割体法规

（1）马来西亚进口产品：家禽或鸟类胴体、产品或其分割体（冷冻、干制、脱水、腌制、烟熏或添加营养成分）。

（2）马来西亚进口国：任何国家。

（3）马来西亚进口目的：人类消费。

（4）马来西亚进口法规如下。

①进口许可证。每批进口的家禽或鸟类胴体、产品或其分割体应附以马来西亚兽医局签发的准许进口到马来西亚的有效进口许可证。

②兽医证书。每批到货的家禽或鸟类胴体、产品或其分割体应附有自进口日 30 天内签发的证书。

③兽医健康证书由出口国国家兽医机构有资格的兽医官员签发。以证明原产地国家、地区或州在出口之日前 12 个月内未发生新城疫、禽流感及禽霍乱；家禽或鸟类来源于经认可的饲养厂，饲养厂已经检验并证明无鸡白痢、沙门氏菌和肠炎沙门氏菌；若为鸭或鹅还应证明于进口前 12 个月无鸭病毒性肠炎和鸭病毒性肝炎；家禽或鸟类须经马来西亚主管当局检查注册的出口加工厂屠宰及加工（加工厂的名称、地址及注册号必须在证书中清晰标明）。

④肉类检验证书。由出口国官方兽医主管当局有资格的肉品检验员签发。以证明胴体、产品或其分割体来源于经宰前宰后检验健康并在屠宰时无任何传染疾病临床症状的家禽或鸟类；胴体、产品或其侵害体在卫生条件下进行加工、包装及储存，不得含有任何有损健康的防腐剂、有色物质、残留、任何外来物质或有害物质；在出口前的加工、包装、储存及搬运过程中采取任何可能的预防措施以杜绝污染；胴体、产品或其分割体是卫生并适合人类食用的。

⑤哈拉（HALLA）证书。由出口国登记注册的伊斯兰组织有资格人员签发。以证明：所有家禽及鸟类已按照伊斯兰教规（伊斯兰法律）屠宰，其胴体、产品或其分割体适合伊斯兰教徒食用。哈拉屠宰的家禽或鸟类胴体、产品或其分割体的屠宰、加工、冷却、冷冻、包装、储存、运输及所有与搬运和船

运相关的其他操作，在与其他种类动物隔离的情况下完成。

⑥对出口国加工厂及伊斯兰组织的授权。所有确定要对马来西亚出口的家禽或鸟类胴体、产品或其分割体只能来源于经过马来西亚主管当局检验、授权、认可的加工厂。哈拉证书必须由已登记的、经马来西亚主管当局授权的伊斯兰组织签发。

⑦运输。每批运送的家禽或鸟类胴体、产品或其分割体应由船、飞机或其他交通工具直接运至规定的马来西亚卸货地点。

⑧在马来西亚官方文件的交付。货物一经抵达马来西亚，每次进口时必须及时向兽医局局长或州兽医机构的负责人或兽医局局长授权的官员提供官方需要的所有文件。

⑨其他条款。所有进口家禽或鸟类胴体、产品或其分割体到马来西亚的申请应直接提交至马来西亚兽医局局长。所有进口必须通过地方代理机构或马来西亚注册公司。马来西亚兽医局有权要求相关公司提供有关资料或详细信息。如申请者（进口者或出口者）不能提供或服从以上要求，兽医局有权拒绝或不批准申请。加工厂在批准前要经过检查，检查将由马来西亚兽医局和伊斯兰事务部官员进行。由此产生的所有费用由相关团体负担。经批准的加工厂可能受到复查，复查由各自的主管机构每两年或在需要时进行。马来西亚官方有权保留或撤销其在登记表中的注册。所有确定要对马来西亚出口的家禽或鸟类胴体、产品或其分割体将受到马来西亚兽医局授权的官员在马来西亚的卸货港/进入地点的兽医检验。随机样品将被送往试验室进行试验，兽医局在需要时有权拒绝、销毁或扣留任何货物。

三、日本

1. 相关法律法规 主要有食品卫生法、日本家禽屠宰企业控制和家禽检查法、肉鸡的事业规制以及检查的相关法律施行规则、日本的肉鸡检查制度、日本进口食品检验检疫制度、日本进口检疫与食品卫生制度等。

2. 日本对进口的禽肉的检验检疫程序要求

（1）原产地条件。规定禽流感（指 H5、H7 或其他高致病性亚型）、新城疫和禽霍乱为应通报疫病，禽肉启运前原产地至少 90 天无禽流感。出口禽肉的原农场包括孵化场，须按照附件规定的病毒学和血清学检测证明无禽流感。生产出口禽肉的地区，在禽肉启运前至少 90 天无新城疫、禽霍乱。

（2）加工条件。第一，出口禽肉加工厂必须经出口国政府主管部门批准，并由官方兽医或经主管部门认可的授权兽医进行日常卫生检查，以保证必要卫生措施的实施。第二，出口禽肉在加工过程中必须尽量去除头、气管和内脏（不包括胃、心脏和肝）。出口禽肉的包装必须用卫生或全新材料制成，外包装须加印经兽医认可的检疫合格标识、加工厂的名称和注册号。

（3）储存条件。出口禽肉在运至日本前必须储存在符合动物健康的安全和卫生条件下。

3. 日本的肉鸡检查制度 此检查制度于1986年提出，1992年4月1日由日本政府公布实行。检查制度的目的有3点：排除病鸡及异常鸡；排除有抗菌性物质残留的鸡肉；为防止弯曲杆菌等细菌污染鸡肉的卫生处理及设备的卫生管理。检查对象针对作为食品销售的屠宰、分割的家禽；检查内容是对肉鸡处理设备、病鸡或异常鸡及有抗菌物质残留者进行检查，检查应以"针对检查对象疾病、检查结果应采取的措施"为依据；接收检查后要做统一标示或标记。

制度的具体内容如下。

①疾病或异常的检查。活体检查：屠宰前，将活体放入输送容器内进行视诊，确认异常时再进行严格检查。分割前检查：脱毛后，对每只胴体进行视诊及触诊，确认异常时对该容器内的肉鸡逐只进行严格检查。分割前经检查，可省略分割后对胴体外部的视诊及触诊。

分割后检查：摘除内脏后，对每只肉鸡的腿肉、肝脏、胆、胃、小肠、盲肠、胰脏及心脏进行视诊及触诊，必要时对肺、气管、支气管、食道、体腔、气囊、脾脏及其他部位进行视诊及触诊。确认异常时进行更严格的检查。抗菌性残留物质以饲养禽舍为单位取样检验。

②根据检查结果应采取的措施。判定为疾病或异常时（浸烫过度或放血不良除外），禁止屠宰。

③根据分割前检查结果采取的措施、判定为疾病或异常时，禁止分割。应在其他肉鸡全部处理结束后进行屠宰。但是，确认卫生安全时不受此限。

④根据分割后检查的结果所采取的措施。判定为疾病或异常时，为防止作其他食用，应采取必要的措施对该肉鸡的肉、内脏及其他部分作废弃处理。

⑤保存。经活体检查、分割前检查或分割后检查确认为异常，需进行更严格检查时，应采取措施延续至检查结果确认之时。

⑥隔离及消毒。肉鸡患有传染病，确认其病原体具有传染性时，为防止传染，应采取措施将该肉鸡隔离，对其肉、内脏及其他部分消毒，将被病原体污染或怀疑被污染的处理室或其他场所及物品进行消毒。

⑦根据抗菌性物质残留检查所采取的措施，检出含有抗菌性物质残留时，为防止做其他食用，应采取必要的措施，将确认含有抗菌性物质残留的肉鸡的肉、内脏及其他部分作废弃处理。

⑧为有效利用检查结果，应按以下事项做记录：肉鸡的种类、检查的只数、废弃的只数、采取的措施及原因。

⑨关于肉鸡处理设备的构造及卫生管理，包括肉鸡处理设施的构造与设备的卫生管理。

四、韩国

在出口国孵化、饲养的用于生产向韩国出口的鸡、鸭、鹅、火鸡、鹌鹑、野鸡等（以下简称"家禽"）的新鲜、冷藏或冷冻的家禽肉的卫生条件要求如下。

（1）出口国须在过去 3 年间未发生过高致病性禽流感（HPAI）。但是，如果韩国农林部认定在出口国国内对高致病性禽流感的处置政策得以有效实施，则可将该期限定为 6 个月。

（2）在以家禽饲养场为中心的半径 10 千米内，过去 2 个月间须未发生过新城疫。

（3）家禽饲养场在过去 12 个月间须未发生过禽霍乱、雏白痢、禽伤寒、传染病法氏囊病、马立克氏病、duck virus hepatitis（仅限于鸭肉）、duck virus enteritis（仅限于鸭肉）、新城疫（Lentogenic ND）及其他重要家禽传染病，并不得被分离出沙门氏菌（4 型）。

（4）出口国政府每年须向韩国政府通报本国实施的重要家禽传染病防疫计划及实施结果，并于每月以英文向韩国政府通报出口国国内家禽传染病的发生情况。如果出口国发生禽流感、嗜内脏速发型新城疫及其他重要家禽传染病或类似疾病，须立即向韩国政府通报。当发生禽流感时，须在停止出口的同时，向韩国政府通报必要的事项，为恢复出口，须事先与韩国政府协商。

（5）出口国政府须对希望向韩国出口家禽肉的作业场（屠宰场、加工厂、保管场）实施卫生检查，并向韩国政府通报适宜的作业场，家禽的宰杀、分割、加工、包装及保管，须在韩国政府认可的作业场进行。

（6）被认可向韩国出口的作业场，不得从禁止向韩国出口的国家进口或经营经由此类国家的家禽和肉类。

（7）禽肉须产自出口国政府兽医官实施活体及解剖结果为健康的家禽。同时在包装上，须有经无害于公共卫生方法进行处理的合格标志。该合格标志须事先向韩国政府通报。

（8）出口家禽肉中，导致危害公共卫生的残留物（抗生素、合成抗生素、农药、激素制剂、重金属及放射性物质等）不得超过许可标准（依照韩国政府的有关规定），不得被沙门氏菌（4 型）污染，不得进行影响家禽肉结构或特性的离子化放射线或紫外线处理，并不得投放软肉素等成分。

（9）用于包装出口家禽肉的包装纸须由出口国政府许可、于人体无害、不造成环境污染的材料制成。

（10）出口国政府每年必须以英文向韩国政府提交有关残留物检查的机关、设施、人员、检查方法、检查计划、检查实绩、残留允许基准及家禽用、动物用医药品及杀虫剂等的详细材料。

（11）出口家禽肉须将头、爪、胃、肺、食道、气管等剔除，并不得划破胴体。

（12）出口家禽肉在运抵韩国的运输过程中不得经由韩国不允许进口家禽肉的地区，不得被传染性家禽病的病原体污染，须没有腐烂、变质等有害于公共卫生的问题，并需安全运输。

（13）出口国政府兽医官须以英文签发详细的出口检疫证书。

（14）韩国政府兽医当局可对用于向韩国出口家禽肉的肉类作业场实施实地卫生检查。如卫生检查结果为不合格，可禁止该作业场生产的肉类向韩国出口。

（15）韩国政府兽医当局在对出口家禽肉的检疫中，如发现有与韩国政府进口卫生条件不符的事项及经禽流感精密检查发现有禽流感血清型时，可退还或销毁该出口家禽肉，并可终止该出口家禽肉生产作业场对韩国出口。

五、美国

1. 美国畜禽屠宰检疫相关法律法规　美国负责畜禽屠宰检疫的主要部门是食品安全检验局（Food Safety and Inspection Service，FSIS），隶属于美国农业部。FSIS 实施屠宰检疫的主要法律依据可分为法律、法典和指令 3 个层次。法律层面，1906 年颁布实施的联邦肉类检疫法（Federal Meat Inspection Act）、1968 年颁布的禽产品检疫法（Poultry Products Inspection Act）和 1997 年颁布的蛋产品检疫法（Egg Products Inspection Act）。法典层面，主要是美国联邦法典第九卷（9CFR）第三章第 300～592 部分，是对上述 3 部法律在畜禽屠宰检疫的申请、检疫、出证等内容的进一步细化。指令层面，目前 FSIS 涉及畜禽屠宰检疫的指令主要有家畜宰前检疫（第 6100.1 号指令）、家畜宰后检疫（第 6100.2 号指令）和家禽宰前/宰后检疫（第 6100.3 号指令）。

2. 美国家禽屠宰检疫内容及程序　美国的畜禽屠宰检疫主要是根据《家禽宰前、宰后检疫 6100.3》FSIS 指令开展。

家禽屠宰检疫包括宰前检疫、宰前检疫处置、宰后检验、宰后检验处置等。宰前检疫：检疫官仅对当天屠宰的家禽进行宰前检疫，并对卸载前后禽只均进行检查。执行检查时，需观察家禽的总体健康状况，检查是否有肿胀、水肿、喘气、打喷嚏、腹泻、皮肤病变、骨关节肿大等异常现象。对于可疑禽只和不适合屠宰禽只，按照相关规定进行处理。

宰后检验是在家禽屠宰操作过程中，要采用人道的方法进行处理和宰杀。

同步检疫官按照 9CFR 381.86 要求依次对内脏、胴体表面按要求进行检验。兽医公共卫生官（PHVs）对动物尸体进行检验，可以寻求病理学实验室的帮助，综合考虑实验室的诊断结果得出检验结论，并作出处理决定。FSIS 颁布的《家禽宰前、宰后检疫 6100.3》还对家禽的腹水病、免疫性损伤、角化棘皮瘤、过度烫伤、肝脏变化、肾脏变化等具体的家禽疫病特征，以及如何开展屠宰检疫进行了说明，便于检疫官（IPP）和兽医公共卫生官开展屠宰检疫工作。

屠宰检疫记录是检疫官和兽医公共卫生官按照要求，分别完成标识动物宰前检疫、宰后检验的记录。

3. 美国出口鸡肉制品的加工　根据不同市场需求，美国出口的鸡肉制品不同，品种繁多。如出口中国的多数是爪、翅及冠（根据美国政府的数据，2006 年美国出口至中国的鸡肉产品金额达到 337 百万美元，其中鸡爪占49%）；出口南亚、东南亚的是经过加工用于咖喱和椰子炖菜的碎肉；出口伊斯兰国家的是体重在 1.1～1.2 千克/只的小鸡；出口南美洲的是供烧烤食用的整鸡；出口俄罗斯的是含整条大腿的大块鸡肉制品；出口韩国的是鸡肉香肠等。

美国的品质检验是指出口至他国的所有鸡肉必须经美国农业部下属的食品安全检验局检查和审批。打上美国农业部检验章表明鸡类制品经适当加工，检验合格，适于食用。食品安全检验局使用三类措施保证食品的安全卫生：人工检验、减少病原体及危害分析与关键控制点（HACCP）。

美国的人工检验是根据食品安全检验局的规定，肉类检验应包含以下内容：检测病肉并加以剔除；保证搬运处理过程的清洁与卫生；防止掺假与虚假标签行为；打上检验章。美国的每家禽肉加工厂都设有联邦检验员，检查经过加工生产线的每只鸡胴体。检验员参与工厂运作的诸多方面，包括工厂建造、宰杀前检验、宰杀后检验、产品检验、产品含量确定、污染产品的控制与限制，以及标签、标识与检验章的使用。尽管这种传统的检验方式非常彻底，但仍然无法检测到微观或肉眼不能分辨的缺陷。因此，禽肉检验还需借助其他的措施。

美国食品安全检验局于 1996 年 7 月 25 日正式决定执行减少病原体及危害分析与关键控制点（HACCP）条例。这项措施的目的有 2 个：一是控制隐藏在食品中的病原体；二是提醒业界重视食品安全。

减少病原体有 2 个目的：第一，为了验证 HACCP 系统在减少细菌污染中是否有效。食品安全检验局建立了沙门氏菌的病原体减少性能标准，禽肉加工厂必须保证其沙门氏菌的污染水平低于当前的美国国家标准；第二，屠宰场将被要求进行大肠杆菌微生物普查，确保其过程控制系统中无排泄物污染，因为大肠杆菌是有毒细菌的主要载体。

HACCP是用于确定和控制加工过程可能出现污染的一种规程。由于HACCP系统的设计是以具体工厂的需求为出发点。因此，各个禽肉加工厂的过程设计可能互不相同。典型的HACCP过程包含以下几个步骤：

第一步：确定仪器加工系统中的危害根源，如细菌。

第二步：确定加工过程中可以消除或减少潜在危害的关键控制点，如清洁、烹饪、冷藏、处理与储存。

第三步：针对各个控制点建立预防措施与临界限制。例如，时间与温度临界限制值。禽类在加工时必须保持4.4℃的低温，以防细菌生长。此时，4.4℃即为临界限制值。

第四步：建立控制点监控规程。例如，如果温度被确定为临界限制值，则应定期检查产品样本，以保证温度处于临界限制值之内。

第五步：建立当监测值表明不符合临界限制值要求时应当采取临界纠正措施的规程。例如，采取措施以降低冷却器的温度。

第六步：建立良好的存档制度，用以记录HACCP系统的运作情况。例如，在温度监控中，应该记录温度测量值以及有关的纠正措施。

第七步：建立用于检验监控的设备保持正常工作的规程。例如，在温度监控中，应该定期检查温度计，确保其正常工作。

传统检验方法是一种彻底、综合的人工检验系统，但是，它无法发现微观或肉眼不能分辨的问题。而减少病原体及HACCP系统这两项措施为现行的检验过程增加了科学性。HACCP系统极大地减少了制造过程中的潜在危害，而减少病原体措施有效防止了污染产品进入市场。美国食品安全检验局这3项食品安全保证措施结合在一起，确保了向消费者提供优质安全的鸡肉制品。

4. 美国冷冻产品加工标准　美国冷冻产品加工标准根据产品种类分为整鸡、烤鸡、八块鸡、九块鸡、半只鸡、半鸡胸、肉鸡1/4开连胸、肉鸡全腿、肉鸡小腿、肉鸡全翅、嫩雏鸡、开鸡大腿、鸡翅、鸡上腿、无骨去皮肉鸡、鸡内脏（肫、心、肝与脖颈）、鸡脚、鸡爪。

（1）整鸡制品有2种：新鲜与冷冻。它们可能是单只装，并贴有生产商或加工厂的商标。鸡内脏（颈、心、肝与肫）一般与整鸡一起出售。不含鸡内脏的产品可能会标明WOGS（无鸡内脏）或WOGN（无鸡内脏与脖颈）。肉鸡的肤色为白色或黄色，一般是由鸡饲料的天然成分所决定的。烤鸡是整鸡制品中比较常见的一类，可能附带鸡内脏。

（2）八块鸡是整鸡被切割为2个半片胸（带鸡肋与背部）、2只大腿（带背部）、2只鸡小腿与2只翅膀。这些制品包装在一起，并标明切块整鸡。切块鸡出售时一般不带鸡内脏。

（3）九块鸡是肉鸡可被切为九块出售，包括1块胸龙骨、2块胸侧或鸡肋、2只大腿、2只翅膀与2只鸡小腿。九块鸡一般在外卖店与快餐店出售。

（4）半只鸡是将鸡沿脊柱与龙骨从前到后对等剖开，每半只鸡的脊柱部分是相等的。

（5）半鸡胸包括带背部半鸡胸和无背部半鸡胸。带背部半鸡胸，去除翅膀的半鸡胸为白肉，单件重340～425克；无背部半鸡胸为从鸡胸部上切除翅膀与背部。

（6）肉鸡1/4开连胸是半片鸡可进一步切割为鸡胸，包括翅膀，连带背部的鸡胸为白肉。

（7）肉鸡全腿包括鸡小腿与大腿部分。肉鸡全腿与1/4开大鸡腿之间的区别是前者不包括背部。全腿鸡肉单只出售。

（8）肉鸡小腿为鸡腿的下半部分，即从膝关节到跗关节之间的部分。鸡小腿重114～142克。2份鸡小腿为1份餐料。

（9）肉鸡全翅为白肉，由3个部分组成：上臂、中部和翅尖。

（10）嫩雏鸡指未达性成熟的小公鸡或小母鸡，一般不足5周，重量不超过0.907千克。

（11）开鸡大腿是1/4开鸡大腿，指鸡小腿加上大腿，并带有半个背部。此外，还可带有腹部脂肪及2根以下的肋骨。

（12）鸡翅包括二节翅、中翅和翅根。二节翅指翅膀的平滑中央部分与翅尖；中翅指肘部与翅尖中间的部分，有时也称作翅板或翅中；翅根指肩关节与肘关节之间的第一个部分。

（13）鸡上腿是膝关节以上的鸡腿部分。沿膝关节将鸡腿部分切开，即得到带有背部的鸡上腿；而将整鸡腿在膝关节切开，即得到不带背部的鸡上腿。后者不带肋骨与背部肉。

（14）无骨去皮肉鸡包括无骨去皮上腿肉、无骨去皮大鸡腿肉、无骨去皮胸肉3种。无骨去皮上腿肉指从鸡的上腿部分去掉皮与骨头；无骨去皮大鸡腿肉指从大鸡腿部分上去掉皮和骨头，可加工成碎鸡肉；无骨去皮胸肉指从胸侧上去掉皮与骨头。胸侧单个出售，可将胸大肌与胸小肌分离开，得到腰部嫩肉与无骨胸肉。

（15）鸡内脏包括胗、心、肝与脖颈。与整鸡一起出售时，鸡内脏被包裹在纸张或封装于塑料带之中，然后塞在鸡的腹腔中，鸡内脏也可单独出售。

（16）鸡脚为去甲鸡腿的下半部与足部，鸡爪仅为足部，鸡脚与鸡爪为批量塑料袋包装。运输时，将这些袋装产品封装于波纹纤维纸板箱中。

5. 待煮鸡肉　待煮鸡肉按品种分为肉鸡、烤鸡、阉鸡、嫩雏鸡、公鸡。肉鸡一般为6～8周龄，公母均可，其肉质鲜嫩，整鸡去毛后重1.30～2.04千克。肉鸡有时候也被称作炸鸡。烤鸡的特征与肉鸡基本相同，但其去毛后重量为 2.16～3.40 千克。烤鸡由 8～12 周龄的鸡制成，一般整只出售。经外科阉割的公鸡，大约 15 周龄，其去毛后重量为 2.72～4.08 千克。有时阉鸡也被称作"圣诞鸡"，其肉多、味美、鲜嫩，常用于节日大餐。阉鸡一般整只出售。嫩雏鸡为未达性成熟的小鸡，一般 5～6 周龄，去毛后重量不超过 0.907 千克。皮肤粗糙、肉质坚实发黑的成熟雄性鸡，一般为完成配种的雄性鸡，去骨后可作为食品加工原料。

6. 储存方法 脱水可以从鸡肉中去除大部分的水分。大多数美国鸡肉通过真空喷身、滚筒或冷冻干燥法进行脱水。脱水之后，成粉末状、块状或粒状的鸡肉制品即可真空封装于罐头或食品袋中，从而可以安全地存放数年。存于带塑料衬里的包装箱或桶中的干肉的货架期较短。在出口产品中推荐使用脱水方法。

照射可减少鸡肉中可能存在的病原体，也可将鲜鸡的冷藏保质期延长 1 周，并减少运货途中温度不当造成的影响，尽管这种工序被证明是安全可靠的，但并不是所有国家都允许销售经过照射的禽肉。在出口产品中推荐使用照射后冷冻于－17.8℃的方法。

产品被整批放在集装箱内冷冻。只有整个集装箱解冻之后，才能取下各块鸡肉。鸡肉制品先冷却至 1.7～4.4℃然后装至集装箱中，并置于－17.8℃以下的冷冻柜中。鸡肉制品一般冷冻 24～72 小时。整批冷冻产品在装运恰当且储藏温度低于－17.8℃的条件下，其保质期可达 12 个月，推荐用于出口产品。

各块鸡不是冷冻在一起，即便在冷冻状态下也可拆分，加工后的鸡制品先单件冷冻至－17.8℃～－15℃，然后装至集装箱中，并置于－17.8℃以下的冷冻柜中。单件冷冻产品在装运恰当且储藏温度低于－17.8℃的条件下，其保质期可达 12 个月，推荐用于出口产品。

在 60 分钟或更短时间内将加工后的鸡肉制品单件迅速冷冻至－17.8～－15℃即为单件速冻。各块鸡分开冷冻，即使在冷冻状态下也可拆分。具体要求是将产品初步冷却后立即置于冷柜中或在 2.2℃的温度下存放 48 小时，然后在 72 小时之内冷冻至－17.8℃。在装运恰当且储藏温度低于－17.8℃的条件下，单件速冻产品的保质期可超过 12 个月，推荐用于出口产品。

工厂冷冻或商业冷冻的鸡肉制品在恰当的封装与储藏条件下一般可存放 12 个月。然而，冷冻鸡肉制品在装运与储藏过程中可能会受到冷柜灼烧、脱水、化学与营养成分变质等各种破坏。在装运与储藏过程中影响产品寿命的因素有：－17.8℃或更低温度的恒定时间，产品是否接触到空气以及冷柜中的空气流动速度等。

7. 包装标识 美国农业部食品安全检验局（FSIS）要对进入美国市场的

禽肉及其包装标签进行认可。认可的出口工厂在生产出口产品前，应获得标签标准。标签必须用英文印制，并按照美国产品成分和标签规定标注。一般来说，标签应包括以下几个内容：产品名称；原产国及工厂；工厂或批发商名称、地址；以常衡注明净重（磅和盎司）；各种成分保存状态等。产品大包装箱外的标签不必经过许可，但在进口港检验时，FSIS 要检查外包装上的标签。因此，包装箱外正面标签必须有以下内容：产品名称、原产国、工厂代号、到达码头名称等，并留有一定的位置供美国进口检验盖章用。另外，箱外还须注明特殊的处理状态，如"keep refrigeration"或"keep frozen"，注明出口工厂或进口商的名称、地址。所有内容必须用英文印在箱外或以标签形式贴在箱外，不得用手写来代替。

第五章 中国鸡肉产品产业与贸易发展问题与对策

第一节 中国鸡肉产品出口受阻情况

中国自 2011 年至 2015 年 9 月出口到日本、韩国、欧盟的鸡肉产品受阻共计 40 批次，其中，出口到日本的有 20 批次，欧盟 15 批次，韩国 5 批次。中国鸡肉制品出口受阻原因多样，近年出口到美国、韩国、日本、欧盟受阻原因主要有微生物超标、化学物质超标、品质不合格等。

日本自 2011 年共扣留中国鸡肉制品 20 批次（表 5-1），扣留原因为微生物超标 15 批次、呋喃唑酮超标 4 批次、亚硝酸根超标 1 批次。

表 5-1 我国出口至日本鸡肉受阻情况

序号	产品	扣留原因	日期
1	炒鸡肉	成分规格不合格（细菌数 1.3×10^6/克）	2015-06-30
2	炒鸡肉	成分规格不合格（细菌数 2.4×10^6/克）	2015-06-30
3	冷冻蒸鸡肉	成分规格不合格（大肠菌群呈阳性）	2014-11-30
4	冷冻烤鸡肉串	成分规格不合格（大肠菌群呈阳性）	2014-09-10
5	烤鸡肉	成分规格不合格（大肠菌群呈阳性）	2014-08-30
6	清蒸鸡肉	成分规格不合格（大肠菌群呈阳性）	2014-01-15
7	脆皮鸡	成分规格不合格（大肠杆菌呈阳性）	2013-12-30
8	清蒸鸡肉	成分规格不合格（大肠菌群呈阳性）	2013-12-30
9	黑白芝麻的鸡排	不符合成分规格（细菌数 4.6×10^6/克）	2012-06-30
10	熏鸡爪	不符合成分规格（查出亚硝酸根 0.075 克/千克）	2011-12-31
11	加热食用肉制品（包装后加热）	不符合成分规格（大肠菌群呈阳性）	2011-10-31
12	冷冻奶酪炸鸡排	不符合成分规格（细菌数 7.3×10^6/克）	2011-09-30
13	豆酱、蛋黄酱炸鸡块	不符合成分规格（大肠杆菌呈阳性）	2011-08-31

（续）

序号	产品	扣留原因	日期
14	烤鸡	不符合成分规格（大肠杆菌呈阳性）	2011-08-31
15	冷冻油炸鸡大腿	不符合成分规格［查出呋喃唑酮（AOZ）0.001毫克/千克］	2011-08-31
16	冷冻烤鸡	不符合成分规格［查出呋喃唑酮（AOZ）0.002毫克/千克］	2011-08-31
17	炸鸡	不符合成分规格［查出呋喃唑酮（AOZ）0.001毫克/千克］	2011-06-30
18	加热食用炸鸡	不符合成分规格［查出呋喃唑酮（AOZ）0.003毫克/千克］	2011-06-30
19	加热食用炸鸡	不符合成分规格［查出呋喃唑酮（AOZ）0.002毫克/千克］	2011-06-30
20	加热食用蒸鸡	不符合成分规格（大肠杆菌呈阳性）	2011-04-30

欧盟自 2011 年共扣留中国鸡肉制品 15 批次（表 5-2），扣留原因为微生物超标 11 批次、品质不合格 2 批次、灭蝇胺超标 1 批次、妥曲珠利超标 1 批次。

表 5-2 我国出口至欧盟鸡肉受阻情况

序号	产品	扣留原因	日期
1	冷冻的熟鸡肉	含有肠炎沙门氏菌（25 个/克）	2012-11-08
2	冷冻的熟鸡肉	含灭蝇胺	2012-05-23
3	蒸鸡胸	妥曲珠利残留量超标（340 毫克/千克）	2012-04-16
4	冷冻整鸡	含有沙门氏菌（25 个/克）	2011-03-18
5	冷冻小鸡	卫生状况差	2011-03-11
6	童子鸡	损坏，并且热处理加工不充分	2011-03-09
7	冷冻的火鸡	含有沙门氏菌	2011-03-08
8	盐腌的鸡胸片	含有沙门氏菌	2011-03-03
9	野火鸡	含有 Remo 沙门氏菌	2011-03-03
10	冷冻鸡肉片	含有沙门氏菌	2011-02-25
11	冷冻野火鸡胸肉	含有 Bradford 沙门氏菌	2011-02-24
12	冷冻烤鸡肉串	含有 Virchow 沙门氏菌	2011-02-17
13	冷冻炸火鸡肉	含有 Blockley 沙门氏菌	2011-02-15
14	冷冻火鸡肉	含有沙门氏菌	2011-02-10
15	冷冻火鸡肉	含有沙门氏菌	2011-02-07

韩国自2011年共扣留中国鸡肉制品5批次（表5-3），扣留原因为呋喃代谢物超标4批次、亚硝酸根超标1批次。

表5-3 我国出口至韩国鸡肉受阻情况

序号	产品	原因	日期
1	鸡脯肉	检测出亚硝酸根离子0.001克/千克	2013-07-10
2	冷冻鸡肉串	检测出呋喃它酮代谢物（AMOZ）1.2微克/千克	2011-05-31
3	烤鸡肉串	检测出硝基呋喃代谢物（AMOZ）1.1微克/千克	2011-04-08
4	鸡肉串烧	检测出硝基呋喃代谢物（AMOZ）2.3微克/千克	2011-03-24
5	烤鸡	检测出呋喃西林代谢物质（AOZ）（标准：不检出，结果：2.0微克/千克）	2011-04-03

从我国自2006年以来出口到日本、欧盟、韩国的鸡肉制品受阻总体情况看，由于微生物污染而导致受阻的比例最高，共计26批次，约占65%；因化学物质因素受阻的有12批次，约占30%；品质不合格为2批次，约占5%。

第二节 中国鸡肉产品出口受阻原因分析

一、微生物污染导致鸡肉产品出口受阻

肉鸡屠宰加工、包装、运输过程的微生物污染是不可避免的，这与鸡屠宰前的生活环境、饲养、运输条件、机体健康状况有关；而后续的屠宰加工过程中，卫生及员工操作是否规范直接影响肉品的卫生质量。同时，胴体处理过程中，水和设备之间的交叉污染会增加胴体的微生物污染水平。因此，了解鸡肉在屠宰、加工、分割、储藏、运输过程中的微生物污染状况对于有效地控制和减少鸡肉产品的二次污染、提高肉品的卫生质量、保障鸡肉的微生物安全性对促进鸡肉出口具有十分重要的意义。

二、鸡肉产品结构和市场结构单一，出口风险大

山东省禽肉出口90%以上是鸡肉的初级产品和半成品，以冷冻鸡肉为主，40%的冻鸡销往日本。产品结构单一，出口市场过于集中，再加上对国外市场需求和价格变化信号反应迟钝，极易受到国外贸易壁垒的限制，而且因回旋余地有限，往往损失惨重。

中国（不包括港、澳、台地区）肉鸡产品主要出口去向地区为日本、中国香港，主要进口地区为美国。中国（不包括港、澳、台地区）的活鸡、鲜冷产品主要出口中国香港、中国澳门、马来西亚，加工品主要出口日本、欧盟、韩国以及中国香港。

进口的主要是冷冻的带骨鸡块、鸡翅和鸡爪以及其他冻鸡杂碎。出口鸡肉目前仍处于从分割鸡向深加工鸡的过渡时期，分割鸡有 150 多个品种，占整个肉鸡产品的 60％左右，冻鸡出口的品种规格也有好几百种；尽管如此，我国的深加工鸡肉产品却只占到总量的 15％左右，与发达国家 70％以上及世界 50％的平均水平相比，加工程度还很低，而且加工的品种非常单调，熟食品种更是少之又少。产品结构也普遍存在整装产品多、分割产品少，普通产品多、名特优产品少，高温制品多、低温制品少，初级产品多、精深加工产品少，低科技含量产品多、高科技含量产品少等问题，绝大部分鸡肉产品仅以初级加工品或以原料的形式进入市场。

三、规模化程度不高，生产加工企业全产业链尚未真正形成

美国最大肉鸡生产加工企业年屠宰肉鸡超过 20 亿只，前十位肉鸡生产加工企业年屠宰量占全国总屠宰量的 72.3％。而中国生产量比较大的综合家禽生产企业有近 30 多家，最大的肉鸡生产加工企业年屠宰肉鸡仅 1 亿只，2010年前，十大肉鸡企业产量仅占全国总产量的 12％。虽然中国禽肉生产加工企业规模逐渐增大，但与世界其他国家相比，差距还很大，生产加工企业全产业链尚未真正形成。

肉鸡加工产业涉及肉鸡饲养、加工、储存、运输、销售等多个环节，中国虽然已经出现一些集种鸡繁育、饲料生产、肉鸡饲养、屠宰加工、冷冻冷藏、物流配送、批发零售等环节为一体的一条龙生产经营大型龙头企业，但这样的企业数量还很少，或者这些龙头企业即使有肉鸡饲养环节，但企业自身养殖的肉鸡数量远远不能满足企业屠宰加工的产能需求，大部分原料鸡肉仍靠对外收购，无法保证鸡肉原料质量的可靠性，也成为鸡肉产品出口质量安全的一个重要隐患。

四、肉鸡的疫病问题依然存在

高致病性禽流感仍是肉鸡生产的主要威胁，特别是 H1N1 病毒的变异，很可能对中国肉鸡产业造成更大损失。禽白血病又在某些地区暴发，需要引起高度关注。

目前，影响中国肉禽产品走出国门的关键是食品卫生问题，也就是肉禽的疫病和药物残留问题。在加入 WTO 以后，要想扩大我国的禽肉出口，就必须加强肉禽生产的防疫体系建设。目前来看最为紧迫的主要是两件大事：一是要加快无规定疫病区的建设。要加快无规定疫病区肉鸡出口基地的建设，重点是净化肉鸡的生产环境、提高肉鸡产业的现代化水平和管理水平，从而提高肉鸡产品的质量，降低生产成本，增强产品在国内外市场的竞争力。只有尽快建立

我国的无规定疫病区，才能促进我国家禽生产环境的改善和禽肉出口的增长。二是要加快改革内外检分离。官方兽医与职业兽医职能合一的兽医管理体制，我国实行进出境检疫、外检和国内检疫、内检分离的兽医管理体制。中央管理机构分散，不利于动物疫病控制，难以保证动物产品质量，严重影响了我国兽医管理水平和动物产品质量的国际信任度，从而给进口成员制造贸易壁垒提供了条件。

第三节　针对中国鸡肉产品出口受阻的建议与对策

一、修订中国鸡肉相关限量标准

中国禽肉中微生物依据标准与国外发达国家和地区及国际组织的检测项目存在较大差异，对禽肉和禽肉产品的分类标准不够完善和明确，也缺乏对不同加工过程的禽肉制定有针对性的微生物限量指标，对中国禽肉产品进出口检验会带来一定的不便。

建议对禽肉和禽肉产品的分类标准逐步进行完善，制定更加有针对性的微生物限量标准。此外，禽肉微生物限量指标与发达国家和地区及国际组织相比缺乏采样方法的详细规定，建议制定中国禽肉微生物采样方法。

二、加强管理出口肉鸡微生物检测及加工的关键控制点

尽管一些处理工序减少了肉鸡加工中的一些微生物污染，但是胴体、处理水和设备之间的微生物交叉污染实质上却增加了加工工序中胴体微生物的污染。如烫毛和拔毛可以去除表皮中的微生物，但也为后续的去除内脏和预冷过程提供了新的微生物繁殖地。为尽量减少鸡肉屠宰加工过程中的微生物污染，保证动物性食品的质量和安全，国内外许多专家，进行了减菌技术与措施的应用研究，采用栅栏技术不断改进常规的屠宰工艺。

1. 屠宰车间　空气中存在大量微生物，而屠宰车间的用水量很大，空气湿度相对较高，是微生物繁殖的良好场所。因此，保持屠宰车间的清洁是避免微生物污染的有力措施。每天都要用紫外线灯照射或采用臭氧进行消毒。另外，各车间的布局要合理，既要相互联系又要相互隔离，要按照原料→半成品→成品的顺序流水作业，不能相互接触或逆行操作，以免交叉污染。

2. 宰前应激　在饲养场向屠宰加工厂的运输过程中，由于热应激等因素的影响，破坏或抑制了活鸡的正常生理机能，致使血液循环加速，肌肉组织内的毛细血管充满血液。待宰时间一般不宜超过 12 小时，最好有 2～3 小时的休息时间，使动物从运输应激中得以恢复。在巴西，2%～3%的胴体出血和骨折

都与粗暴的活体捕捉有关。因此，捉鸡及卸车时应力度适中，避免出现淤血、出血等现象造成胴体表面的微生物污染。

3. 宰前动物清洗　屠宰前严格清洗，可以有效降低病原体的出现和胴体的污染程度，进而显著降低动物表皮和胴体的污染。

4. 烫毛及胴体冲洗用水　羽毛、皮肤和粪便中的大量微生物会因为烫毛水的污浊、预冷却用水和胴体冲洗用水的肮脏而严重污染胴体表面。Shelly Rodrigo 等对利用静止水冲洗系统的企业冲洗用水中的病原菌进行定量检测的结果表明，冲洗用水中的病原菌数量会影响到最终肉鸡胴体中的微生物数量，且静止水冲洗中大肠杆菌和弯曲杆菌的数量明显高于流动水的冲洗。因此，建议用流动水冲洗或增加水循环的次数。Mckee S. R. 等对不同烫洗模型进行研究，发现于 55.6℃、含 10 克/升 NaOH、pH 为 11.0 的烫洗水中烫洗 45 秒，可以更有效地减少胴体中沙门菌的污染。烫毛用水的温度和烫毛时间也会影响到胴体中的微生物数量。在欧洲，Spescha 等对猪胴体在烫毛阶段的微生物污染情况调查研究后发现，用 59~62℃的水烫毛 5~8.5 分钟能够使需氧型微生物、大肠菌群和大肠杆菌的数量分别减少 3.1~3.8CFU/平方厘米、3.5~3.8CFU/平方厘米和 1.7~3.5CFU/平方厘米。

5. 预冷环节　在预冷环节采取适当措施能够进一步减轻微生物污染，而且此工序是有效控制细菌污染的最后一道防线。通过对预冷阶段的胴体减菌能够使初始菌数大量减少，仅存的少数微生物在后续的加工、储藏、运输过程中就更容易被抑制，而且能够减少后期形成腐败菌落的细菌数，从而延缓对数期的到来，还能改变菌落组成进而延长产品的货架期。

水洗、消毒是减少细菌的关键控制点。分割工序是污染细菌的关键环节，其次为预冷池水。因此，分割工序的卫生管理十分关键。对于案板、刀具、围裙、手等的基础卫生管理，有必要建立更为严格的措施。为控制预冷池水污染，可采用药物消毒，每天更换池水和加强对入池前胴体的冲洗等。对整个肉鸡出口工序来说，有必要建立"危害分析关键控制点"（HACCP），促进加工生产更加合理化、规范化，使关键控制点得到有效控制。

三、加强肉禽福利屠宰研究

中国包括家禽福利在内的动物福利研究尚处于起步阶段，还存在着很多问题。全面而系统地了解肉鸡福利状况，积极应对并推动实施福利技术，改善中国肉鸡福利现状，对推动中国家禽业的稳定发展，具有十分重要的现实意义和长远意义。目前，虽然我国禽肉产品的出口在很大程度上受制于食品质量安全问题，但将来随着这一问题的解决，动物福利壁垒有可能会成为制约我国禽肉出口贸易的最大屏障。因此，加强有关动物福利的研究及加快推进先进福利技术在实际生产中的应用势在必行。

1. 宰前静养　张岩研究了运输和静养时间组合对肉鸡肌肉品质及血液应激指标的影响，认为运输 0.5 小时静养不超过 2 小时；运输 3 小时后适合 2 小时左右静养；运输 5 小时后适合 1 小时左右静养。美国国家肉鸡协会（NCC）规定，肉鸡宰前最长静养为 6 小时；欧盟屠宰法规（853/2004/EC）规定，家禽到达屠宰场后，考虑到动物福利的需要，宰前应有一段静养时间（＜10 小时）。而我国家禽屠宰行业普遍缺乏宰前管理规范，大多数企业根本没有宰前静养程序。

2. 宰前禁食、禁水　美国人道认证机构（AHC）认为最大禁食时间为 16 小时，而目前我国多数企业按禁食 12 小时的标准执行。国内外多数企业禁水时间为 1～2 小时，但也有企业不采取禁水措施，关于宰前禁水与否还存在争议。

3. 抓捕与拴挂　美国人道认证机构（AHC）规定，每只手最多抓 3 只，抓其双腿，20 秒内放入笼中，折算每人每小时不超过 1 000 只肉鸡；世界保护动物协会（WSPA）、英国皇家防止虐待动物协会（RSPCA）规定，从挂鸡到致昏时间不超过 60 秒。美国人道认证机构（AHC）则规定不超过 90 秒。

4. 致昏　参照欧美法规和马来西亚伊斯兰教规制定，鸡的电击致晕参数规范为重量 2.40～2.70 千克的鸡，致晕电流为 0.20～0.60 安培，致晕电压为 2.50～10.50 伏特，时间为 3.0～5.0 秒。

四、注重产品结构及市场调整，研发新产品与装备，开拓国际市场

随着中国社会的不断进步，人们对鸡肉的消费认识也逐步升级，更多人已经不仅仅满足于吃得饱，更要吃得营养、科学。肉鸡加工企业根据市场变化和消费需求心理，调整产品结构，以出口为主的企业积极开拓国内市场，以冻品为主的产品模式逐步转向冰鲜、调理和熟食制品；在已有的经典产品基础上，不断推陈出新，研制新产品，加快农业产业结构调整，提高加工档次及产品附加值。目前国际市场对熟食品限制较少，为了扬长避短，鸡肉生产企业要调整出口商品结构，增加深加工比重，提高产品附加值。冷冻食品出口受阻，可以转向熟食品和保鲜品生产。要鼓励企业重点开发和出口以土种鸡、鸭、鹅为原料的熟制加工品，如专供酒楼和家庭用微波炉加热即可食用的烧鸡、扒鸡、熏鸡、烤鸭等。还有国外没有（或很少）的盐水鸭、盐焗鸡、糟鸡、糟鹅、叫花鸡，小包装打开即食的白斩鸡、麻辣鸡、怪味鸡等。近年来，这些产品在日本旺销，需求量由 2 万多吨增加到 10 多万吨。

同时，实施多元化战略，加大国际市场开拓力度。虽然很多国家对于中国

包括鸡肉在内的农产品进行了严格的限制，但是并非不可逾越。比如对于中国熟制鸡肉有条件开放的欧盟，当地市场价格有很大的盈利空间；以及原先依赖于美国的鸡肉进口大国俄罗斯，在美国退出后留下了巨大的市场空间；另外还有中东市场等，都有发展的余地。因此，鸡肉出口企业在巩固现有市场的同时，也可以在条件成熟的情况下探索新市场，而政府和相应的行业协会组织也应该牵头开展贸易谈判、进行技术攻关等，积极为企业创造条件。对日、欧、美这些壁垒多门槛高的地区，重点发展技术含量高、附加值高的深加工产品，以避开种种技术性贸易壁垒。对于东盟、中东、俄罗斯以及非洲一些门槛较低的地区，积极开发新市场，扩大出口量。

五、建立禽肉产品的可追溯制度

食品安全问题是近年来世界各国最为关注的热点，可追溯制度的实施，使得禽肉产品从繁殖、饲养到屠宰、加工，到最后的零售各个环节实现可追踪，确保供应链每个环节信息的准确。可强化产品质量安全管理，提高监督效率，追溯传染源，明确责任所在。对于可追溯制度，大部分发达国家，如加拿大、日本、澳大利亚以及欧盟等都有严格的规定，而我国的可追溯制度处于刚起步阶段，对于规模化的养殖企业、饲料生产企业首先实行信息化管理，使养殖环节的禽肉可追溯；对活禽取缔私屠乱宰，实行定点屠宰、定点经营，在禽肉产品上表明屠宰时间、地点等信息，让禽肉产品有源可溯。

六、加快和规范无疫区的建设

《SPS 协议》规定，成员需承认病虫害非疫区或低度流行区的概念，因而无疫区的建设成为国际通用的动物卫生措施。泰国的"生物安全小区"是无疫区建设的典范。我国的无疫区建设虽有一定发展，但有待加强，首先，需要完善相关规章制度，有法律的约束和保证才能达到目的。其次，在总结已有示范区经验的基础上，向全国范围内推广，努力把主要的禽肉出口地区山东省、广东省和辽宁省建设成无疫区出口基地，增强我国禽肉产品的无疫区建设。

附　　录

附录1　中国（不包括港、澳、台地区）与中国香港鸡肉农兽药残留限量对比

序号	农兽药中文名	农兽药英文名	食品中文名	限量要求（微克/千克）	
				中国香港	中国（不包括港、澳、台地区）
1	苄青霉素/普鲁卡因青霉素	BENZYLPENICILLIN/ PROCAINE BENZYLPENICILLIN	肝脏（鸡）	50	
			精肉（鸡）	50	50
			肾脏（鸡）	50	
2	达氟沙星	DANOFLOXACIN	肝脏（鸡）	400	400
			精肉（鸡）	200	200
			肾脏（鸡）	400	400
			脂肪（鸡）	100	
			家禽皮＋脂肪		100
3	滴滴涕	DDT	家禽肉	50	200
4	地克珠利（杀球灵）	DICLAZURIL	肝脏（家禽）	3 000	3 000
			精肉（家禽）	500	500
			肾脏（家禽）	2 000	2 000
			脂肪/皮（家禽）	1 000	1 000
5	氟甲喹	FLUMEQUINE	肝脏（鸡）	500	500
			精肉（鸡）	500	500
			肾脏（鸡）	3 000	3 000
			脂肪（鸡）	1 000	
			脂肪/皮（鸡）		1 000
6	氟苯哒唑	FLUBENDAZOLE	肝脏（家禽）	500	500
			精肉（家禽）	200	200
			肾脏（鸡）	100	
			脂肪（鸡）	100	

（续）

序号	农兽药中文名	农兽药英文名	食品中文名	限量要求（微克/千克）	
				中国香港	中国（不包括港、澳、台地区）
7	红霉素	ERYTHROMYCIN	肝脏（鸡）	100	200
8	甲基盐霉素	NARASIN	肝脏（鸡）	50	1 800
			精肉（鸡）	15	600
			肾脏（鸡）	15	
			脂肪（鸡）	50	
			鸡皮+脂肪		1 200
9	金霉素/土霉素/四环素	CHLORTETRACYCLINE/ OXYTETRACYCLINE/ TETRACYCLINE	肝脏（家禽）	600	
			精肉（家禽）	200	100
			肾脏（家禽）	1 200	
10	林可霉素	LINCOMYCIN	肝脏（鸡）	500	500
			精肉（鸡）	200	
			禽肌肉		100
			肾脏（鸡）	500	
			禽肾		1 500
			脂肪（鸡）	100	100
11	硫丹	ENDOSULFAN	家禽可食用内脏	30	
			家禽肉	30	
			禽肉类（包括内脏）		30
			禽肉类（以脂肪计）		200
12	氯丹	CHLORDANE	家禽肉	500	
			禽肉类（以脂肪计）		500
13	灭蝇胺	CYROMAZINE	家禽可食用内脏	200	
			禽脂肪	50	50
			家禽肉	100	
			禽肌肉	50	50
			禽副产品		50

（续）

序号	农兽药 中文名	农兽药 英文名	食品 中文名	限量要求（微克/千克）	
				中国香港	中国（不包括港、澳、台地区）
14	马拉硫磷	MALATHION	家禽肉	4 000	4 000
			家禽脂肪	4 000	4 000
			禽副产品		4 000
15	莫能菌素	MONENSIN	脂肪（鸡）	100	
			肾脏（鸡）	10	
			肝脏（鸡）	10	4 500
			精肉（鸡）	10	1 500
			鸡皮＋脂肪		3 000
16	沙拉沙星	SARAFLOXACIN	精肉（鸡）	10	10
			肾脏（鸡）	80	80
			脂肪（鸡）	20	20
			鸡肝		80
17	七氯	HEPTACHLOR	家禽可食用内脏	200	
			家禽肉	200	200
18	双氢链霉素/ 链霉素	DIHYDROSTREPTOMYCIN/ STREPTOMYCIN	肝脏（鸡）	600	600
			精肉（鸡）	600	600
			肾脏（鸡）	1 000	1 000
			脂肪（鸡）	600	600
19	泰乐菌素	TYLOSIN	肝脏（鸡）	100	200
			精肉（鸡）	100	200
			肾脏（鸡）	100	200
			脂肪/皮（鸡）	100	
			鸡脂肪		200
20	替米考星	TILMICOSIN	肝脏（鸡）	2 400	1 000
			脂肪/皮（鸡）	250	75
			鸡肾		250
			鸡肌肉		75
21	新霉素	NEOMYCIN	肝脏（鸡）	500	500
			精肉（鸡）	500	500
			肾脏（鸡）	10 000	1 000
			脂肪（鸡）	500	500

（续）

序号	农兽药中文名	农兽药英文名	食品中文名	限量要求（微克/千克）	
				中国香港	中国（不包括港、澳、台地区）
22	溴氰菊酯	DELTAMETHRIN	肝脏（鸡）	50	50
			精肉（鸡）	30	30
			肾脏（鸡）	50	50
			脂肪（鸡）	500	
			鸡皮＋脂肪		500
23	黏菌素	COLISTIN	肝脏（鸡）	150	150
			鸡肾	200	200
			鸡脂肪	150	150
			精肉（鸡）	150	150
			脂肪（鸡）	150	150
24	壮观霉素	SPECTINOMYCIN	肝脏（鸡）	2 000	
			精肉（鸡）	500	500
			肾脏（鸡）	5 000	5 000
			脂肪（鸡）	2 000	2 000
25	五氯硝基苯	QUINTOZENE	鸡可食用内脏	100	100
			鸡肉	100	
			禽肉类		100
26	左旋咪唑	LEVAMISOLE	肝脏（家禽）	100	100
			精肉（家禽）	10	10
			肾脏（家禽）	10	10
			脂肪（家禽）	10	10
27	磺胺类（总量）	Sulfonamides		100	100
28	三聚氰胺	MELAMINE		2 500	2 500
29	氯唑西林/邻氯青霉素	Cloxacillin		300	300
30	多西环素	DOXYCYCLINE	禽肾（产蛋鸡禁用）	600	600
			禽肝（产蛋鸡禁用）	300	300
			禽皮＋脂（产蛋鸡禁用）		300
			禽肌肉（产蛋鸡禁用）	100	100

（续）

序号	农兽药中文名	农兽药英文名	食品中文名	限量要求（微克/千克）	
				中国香港	中国（不包括港、澳、台地区）
31	恩诺沙星	ENROFLOXACIN	禽肾（产蛋鸡禁用）	300	300
			禽皮＋脂（产蛋鸡禁用）		100
			禽肌肉（产蛋鸡禁用）		100
			禽肝（产蛋鸡禁用）	200	200
32	硫黏菌素	TIAMULIN	鸡皮＋脂肪		100
			鸡肌肉	100	100
			家禽肝	1 000	
33	庆大霉素	GENTAMICIN	鸡可食组织		100
			禽肌肉、肝及肾	100	
34	杆菌肽	BACITRACIN	禽可食组织	500	500
35	金霉素	CHLORTETRACYCLINE	鸡肉	100	100
			肾	600	
			肝	300	
36	四环素	TETRACYCLINE	鸡肉	100	100
			肝	300	
			肾	600	
37	土霉素	OXYTETRACYCLINE	肝	300	
			肌肉	100	100
38	甲硝唑	METRONIDAZOLE		0	不得检出
39	林丹	LINDANE	家禽可食用内脏	10	禁止使用
			家禽的肉	50	
40	孔雀石绿	MALACHITE		0	禁止使用
41	呋喃它酮	FURALTADONE		0	禁止使用
42	阿维拉霉素	AVILAMYCIN	肝脏（鸡）	300	
			精肉（鸡）	200	
			肾脏（鸡）	200	
			脂肪/皮（鸡）	200	

（续）

序号	农兽药中文名	农兽药英文名	食品中文名	限量要求（微克/千克）	
				中国香港	中国（不包括港、澳、台地区）
43	氨氯吡啶酸	PICLORAM	家禽脂肪	50	
44	百草枯	PARAQUAT	家禽肉	5	
45	百菌清	CHLOROTHALONIL	家禽可食用内脏，除家禽的皮	70	
			家禽皮	10	
			家禽肉	10	
			家禽脂肪	10	
46	百克敏	PYRACLOSTROBIN	家禽可食用内脏	50	
47	苯嘧磺草胺	SAFLUFENACIL	家禽可食用下水	10	
48	吡氟甲禾灵	HALOXYFOP	家禽可食用内脏	700	
			家禽肉	700	
49	吡唑萘菌胺	ISOPYRAZAM	家禽脂肪	10	
50	布洛芬	TRIFLOXYSTROBIN	家禽可食用内脏	40	
			家禽肉	40	
51	丙环唑	PROPICONAZOLE	家禽肉	10	
52	丙溴磷	PROFENOFOS	家禽肉	50	
53	草铵膦	GLUFOSINATE AMMONIUM	家禽脂肪	150	
			家禽可食用内脏	100	
			家禽肉	50	
54	草甘膦	GLYPHOSATE	家禽肉	50	
55	虫酰肼	TEBUFENOZIDE	家禽肉	20	
56	除虫脲	DIFLUBENZURON	家禽肉	50	
57	敌草快	DIQUAT	家禽肉	50	
58	啶虫脒	ACETAMIPRID	家禽脂肪	10	
59	啶酰菌胺	BOSCALID	家禽脂肪	20	
			家禽可食用内脏	20	
			家禽肉	20	
60	丁硫克百威	CARBOSULFAN	家禽可食用内脏	50	
			家禽肉	50	
61	毒死蜱	CHLORPYRIFOS	家禽可食用内脏	10	
			家禽肉	10	

（续）

序号	农兽药中文名	农兽药英文名	食品中文名	限量要求（微克/千克）	
				中国香港	中国（不包括港、澳、台地区）
62	噁二唑虫	INDOXACARB	家禽肉	10	
63	噁唑菌酮	FAMOXADONE	家禽肉	10	
64	二硫代氨基甲酸酯	DITHIOCARBAMATES	家禽可食用内脏	100	
			家禽肉	100	
65	粉锈啉	FENPROPIMORPH	家禽可食用内脏	10	
			家禽肉	10	
			家禽脂肪	10	
66	甲氰菊酯	FENPROPATHRIN	家禽可食用内脏	10	
			家禽肉	20	
			家禽可食用内脏	10	
67	甲氧虫酰肼	METHOXYFENOXIDE	家禽可食用内脏	10	
			家禽肉	10	
			家禽脂肪	20	
			家禽可食用内脏	10	
68	螺旋霉素	SPIRAMYCIN	脂肪（鸡）	300	
69	螺虫乙酯	SPIROTETRAMATE	家禽肉	10	
70	氯虫苯甲酰胺	CHLORANTRANILIPROLE	家禽可食用内脏	10	
			家禽肉	10	
			家禽脂肪	10	
			家禽可食用内脏	10	
71	环丙唑醇	CYPROCONAZOLE	家禽可食用内脏	10	
			家禽肉	10	
72	甲胺磷	METHAMIDOPHOS	家禽可食用内脏	10	
			家禽肉	10	
73	甲拌磷	PHORATE	家禽肉	50	
74	甲基毒死蜱	CHLORPYRIFOS-METHYL	家禽可食用内脏	10	
			家禽肉	10	
75	甲基嘧啶磷	PIRIMIPHOS METHYL	家禽可食用内脏	10	
			家禽肉	10	
			家禽脂肪	20	
			家禽可食用内脏	10	

（续）

序号	农兽药中文名	农兽药英文名	食品中文名	限量要求（微克/千克）	
				中国香港	中国（不包括港、澳、台地区）
76	氟苯虫酰胺	FLUBENDIAMIDE	家禽脂肪	3 000	
77	氟草敏	NORFLURAZON	家禽肉	100	
78	氟虫腈	FIPRONIL	家禽肉	10	
			家禽可食用内脏	20	
79	氟啶虫酰胺	FLONICAMID	家禽可食用内脏	30	
			家禽肉	30	
			家禽脂肪	30	
80	氟吡菌胺	FLUOPICOLIDE	家禽可食用内脏	10	
			家禽肉	10	
81	氟硅唑	FLUSILAZOLE	家禽可食用内脏	200	
			家禽肉	200	
82	氟氯氰菊酯/beta - cyfluthrin	CYFLUTHRIN/BETA - CYFLUTHRIN	家禽可食用内脏	10	
			家禽肉	10	
83	氟嘧磺隆（甲酯）	PRIMISULFURON METHYL	家禽可食用内脏	100	
			家禽肉	100	
84	氟酰胺	FLUTOLANIL	家禽可食用内脏	50	
			家禽肉	50	
85	咯菌腈	FLUDIOXONIL	家禽可食用内脏	50	
			家禽可食用内脏	50	
			家禽肉	10	
86	氯氨基吡啶酸	AMINOPYRALID	家禽可食用内脏	10	
			家禽肉	10	
87	腈苯唑	FENBUCONAZOLE	家禽可食用内脏	10	
			家禽肉	10	
88	抗蚜威	PIRIMICARB	家禽可食用内脏	10	
			家禽肉	10	
			家禽可食用内脏	10	
89	克螨特	PROPARGITE	家禽可食用内脏	100	
			家禽肉	100	
90	克线磷	FENAMIPHOS	家禽肉	10	

（续）

序号	农兽药 中文名	农兽药 英文名	食品 中文名	限量要求（微克/千克）	
				中国香港	中国（不包括港、 澳、台地区）
91	喹氧灵	QUINOXYFEN	家禽可食用内脏	10	
			家禽肉	20	
92	乐果	DIMETHOATE	家禽可食用内脏	50	
			家禽肉	50	
			家禽脂肪	50	
93	联苯肼酯	BIFENAZATE	家禽可食用内脏	10	
			家禽肉	10	
94	螺旋霉素	SPIRAMYCIN	脂肪（鸡）	300	
95	螺虫乙酯	SPIROTETRAMATE	家禽肉	10	
96	氯虫苯甲酰胺	CHLORANTRANILIPROLE	家禽可食用内脏	10	
			家禽肉	10	
			家禽脂肪	10	
			家禽可食用内脏	10	
97	氯菊酯	PERMETHRIN	家禽肉	100	
98	氯氰菊酯	CYPERMETHRIN	家禽可食用内脏	50	
		包括 alpha－和 zeta－ 氯氰菊酯	家禽可食用内脏	50	
		包括 alpha－和 zeta－ 氯氰菊酯	家禽肉	100	
		包括 alpha－和 zeta－ 氯氰菊酯	家禽脂肪	100	
99	麦草畏	DICAMBA	家禽可食用内脏	70	
			家禽肉	20	
			家禽脂肪	40	
100	咪鲜胺	PROCHLORAZ	家禽可食用内脏	200	
			家禽可食用内脏	200	
			家禽肉	50	
101	嘧菌环胺	CYPRODINIL	家禽可食用内脏	10	
			家禽肉	10	
			家禽可食用内脏	10	

（续）

序号	农兽药中文名	农兽药英文名	食品中文名	限量要求（微克/千克）	
				中国香港	中国（不包括港、澳、台地区）
102	嘧菌酯	AZOXYSTROBIN	家禽可食用内脏	10	
			家禽肉	10	
103	醚菊酯	ETOFENPROX	家禽可食用内脏	10	
			家禽肉	10	
104	醚菌酯	KRESOXIM - METHYL	家禽肉	50	
105	灭多威	METHOMYL	家禽可食用内脏	20	
			家禽肉	20	
106	灭菌唑	TRITICONAZOLE	家禽肉	50	
107	丙氟吡菌胺	FLUOPICOLIDE	家禽可食用内脏	10	
			家禽肉	10	
108	双硝苯脲二甲嘧啶醇	NICARBAZIN	肝脏（鸡）	200	
			精肉（鸡）	200	
			肾脏（鸡）	200	
			脂肪/皮（鸡）	200	
109	顺式氰戊菊酯	ESFENVALERATE	家禽可食用内脏	10	
			家禽肉	10	
110	四氟醚唑	TETRACONAZOLE	家禽肉	10	
			家禽脂肪	50	
111	四螨嗪	CLOFENTEZINE	家禽可食用内脏	50	
			家禽肉	50	
112	炔螨特	PROPARGITE	家禽可食用内脏	100	
			家禽肉	100	
			家禽脂肪	100	
113	炔苯酰草胺	PROPYZAMIDE	家禽肉	20	
			家禽脂肪	20	
114	噻虫胺	CLOTHIANIDIN	家禽可食用内脏	100	
			家禽可食用内脏	100	
			家禽肉	10	
			家禽脂肪	10	

（续）

序号	农兽药中文名	农兽药英文名	食品中文名	限量要求（微克/千克）	
				中国香港	中国（不包括港、澳、台地区）
115	噻虫啉	THIACLOPRID	家禽可食用内脏	20	
			家禽肉	20	
116	噻虫嗪	THIAMETHOXAM	家禽可食用内脏	10	
			家禽肉	10	
			家禽可食用内脏	10	
117	噻吩草胺-P	DIMETHENAMID-P	家禽可食用内脏	10	
			家禽肉	10	
118	噻菌灵	THIABENDAZOLE	家禽肉	50	
119	噻节因	DIMETHIPIN	家禽可食用内脏	10	
			家禽肉	10	
120	噻螨酮	HEXYTHIAZOX	家禽可食用内脏	50	
			家禽肉	50	
121	三氯杀螨醇	DICOFOL	家禽可食用内脏	50	
			家禽肉	100	
122	三唑醇	TRIADIMENOL	家禽可食用内脏	10	
			家禽肉	10	
			家禽可食用内脏	10	
123	三唑磷	TRIAZOPHOS	家禽肉	10	
124	三唑酮	TRIADIMEFON	家禽可食用内脏	10	
			家禽可食用内脏	10	
			家禽肉	10	
125	杀螟硫磷	FENITROTHION	家禽肉	50	
126	杀扑磷	METHIDATHION	家禽可食用内脏	20	
			家禽肉	20	
			家禽脂肪	20	
			家禽可食用内脏	20	
127	杀线威	OXAMYL	家禽可食用内脏	20	
			家禽肉	20	
			家禽可食用内脏	20	

（续）

序号	农兽药 中文名	农兽药 英文名	食品 中文名	限量要求（微克/千克）	
				中国香港	中国（不包括港、澳、台地区）
128	霜霉威/扑派威	PROPAMOCARB	家禽可食用内脏	10	
			家禽肉	10	
			家禽可食用内脏	10	
129	特丁硫磷	TERBUFOS	家禽可食用内脏	50	
			家禽肉	50	
130	戊唑醇	TEBUCONAZOLE	家禽可食用内脏	50	
			家禽肉	50	
			家禽可食用内脏	50	
131	烯酰吗啉	DIMETHOMORPH	家禽可食用内脏	10	
			家禽肉	10	
132	烯草酮	CLETHODIM	家禽可食用内脏	200	
			家禽肉	200	
133	烯虫酯	METHOPRENE	家禽可食用内脏	20	
			家禽肉	20	
134	异狄氏剂	ENDRIN	家禽可食用内脏	100	
			家禽肉	100	
135	乙烯利	ETHEPHON	家禽可食用内脏	200	
136	乙酰甲胺磷	ACEPHATE	家禽可食用内脏	10	
137	茚虫威	INDOXACARB	家禽肉	10	
138	乙基喹禾灵	QUIZALOFOP ETHYL	家禽可食用内脏	50	
			家禽肉	20	
			家禽脂肪	50	
139	乙氧氟草醚	OXYFLUORFEN	家禽可食用内脏	10	
			家禽脂肪	200	
140	增效醚	PIPERONYL BUTOXIDE	家禽可食用内脏	10 000	
			家禽肉	7 000	
141	苯丁锡	FENBUTATIN OXIDE	鸡可食用内脏	50	
			鸡肉	50	
142	二嗪磷	DIAZINON	鸡可食用内脏	20	
			鸡肉	20	

（续）

序号	农兽药中文名	农兽药英文名	食品中文名	限量要求（微克/千克）	
				中国香港	中国（不包括港、澳、台地区）
143	多菌灵	CARBENDAZIM	鸡脂肪	50	
			家禽可食用内脏	100	
			家禽肉	50	
			家禽脂肪	50	
144	矮壮素	CHLORMEQUAT	家禽可食用下水	100	
145	噁唑菌酮	FAMOXADONE	家禽可食用内脏	10	
146	亚砜磷	OXYDEMETON METHYL	家禽肉	50	
			家禽脂肪	50	
147	乙拌磷	DISULFOTON	家禽肉	20	
148	乙烯利	ETHEPHON	家禽肉	100	
149	二甲硝咪唑	DIMETRIDAZOLE	肉、肝、肾	5	
150	甲氧氨嘧啶	METHOXY - SULFAMETHOXAZOLE	50		
151	交沙霉素	JOSAMYCINE	家禽肾	400	
			家禽肌肉及肝	200	
152	羟氨青霉素	HYDROXYL AMPICILLIN		50	
153	青霉素	PENICILLIN		50	
154	沙拉氟沙星	SALAD DIFLOXACIN	家禽肌肉	10	
			家禽肝及肾	80	
155	白霉素	LEUCOMYCIN		200	

附录 2　中国（不包括港、澳、台地区）与新加坡鸡肉农兽药残留限量对比

序号	农兽药中文名	农兽药英文名	食品中文名	限量要求（微克/千克）	
				新加坡	中国（不包括港、澳、台地区）
1	达氟沙星	DANOFLOXACIN	肝脏（鸡）	400	400
			精肉（鸡）	200	200
			肾脏（鸡）	400	400
			家禽皮＋脂肪		100
			脂肪/皮（家禽）	100	

（续）

序号	农兽药中文名	农兽药英文名	食品中文名	限量要求（微克/千克）	
				新加坡	中国（不包括港、澳、台地区）
2	地克珠利（杀球灵）	DICLAZURIL	肝脏（家禽）	3 000	3 000
			精肉（家禽）	500	500
			肾脏（家禽）		2 000
			脂肪/皮（家禽）	1 000	1 000
3	红霉素	ERYTHROMYCIN	肝脏（鸡）	400	200
			肌肉（禽）	400	
			肾	400	
			脂肪	400	
4	甲基盐霉素	NARASIN	肝脏（鸡）		1 800
			精肉（鸡）	50	600
			脂肪（鸡）		
			鸡皮＋脂肪		1 200
5	林可霉素	LINCOMYCIN	肝脏（鸡）	500	500
			精肉（鸡）	100	
			禽肌肉		100
			肾脏（鸡）		
			禽肾		1 500
			脂肪（鸡）	100	100
6	氯羟吡啶	CLOPIDOL	鸡肾	1 500	15 000
			鸡肝	1 500	15 000
			鸡肌肉	500	5 000
7	噁喹酸	OXOLINIC ACID	鸡肝	150	150
			脂肪	50	
			皮	50	
			鸡肾	150	150
			鸡肉	100	100
8	氯苯胍	ROBENIDINE	鸡脂肪		200
			鸡皮	100	200
			鸡可食组织	100	100
9	马杜拉霉素	MADURAMICIN	鸡肝		720
			鸡皮		480
			鸡脂肪	400	480
			鸡肉		240

（续）

序号	农兽药中文名	农兽药英文名	食品中文名	限量要求（微克/千克）	
				新加坡	中国（不包括港、澳、台地区）
10	盐霉素	SALINOMYCIN	鸡皮/脂肪	1 200	1 200
			鸡肌肉	600	600
			鸡肝		1 800
11	二氟沙星	DIFLOXACIN	家禽肾	600	600
			家禽肌肉	300	300
			家禽皮＋脂肪		400
			家禽皮	400	
			脂肪	400	
			家禽肝	1 900	1 900
12	阿莫西林	Amoxicillin	鸡肉	50	50
			肝脏（家禽）	50	
			肾脏（家禽）	50	
			脂肪（家禽）	50	
13	氨苄青霉素	AMPICILLIN			50
			肌肉（家禽）	50	
			肝脏（家禽）	50	
			肾脏（家禽）	50	
			脂肪（家禽）	50	
14	莫能菌素	MONENSIN	肝脏（鸡）	50	4 500
			精肉（鸡）	50	1 500
			鸡皮＋脂肪	50	3 000
15	沙拉沙星	SARAFLOXACIN	精肉（鸡）	10	10
			肾脏（鸡）	80（火鸡）	80
			脂肪（鸡）	10	20
			鸡肝	100/80（火鸡）	80
			皮	10	
16	双氢链霉素/链霉素	DIHYDROSTREPTOMYCIN/STREPTOMYCIN	肝脏（鸡）	500	600
			精肉（鸡）	500	600
			肾脏（鸡）	1 000	1 000
			脂肪（鸡）	500	600

（续）

序号	农兽药中文名	农兽药英文名	食品中文名	限量要求（微克/千克）	
				新加坡	中国（不包括港、澳、台地区）
17	泰乐菌素	TYLOSIN	肝脏（鸡）	100	200
			精肉（鸡）	100	200
			肾脏（鸡）	100	200
			脂肪（鸡）	100	200
18	新霉素	NEOMYCIN	肝脏（鸡）	500	500
			精肉（鸡）	500	500
			肾脏（鸡）	50 000	1 000
			脂肪（鸡）	500	500
19	磺胺类（总量）	SULFONAMIDES			100
			肝脏（家禽）	100	
			肉（家禽）	100	
			肾脏（家禽）	100	
			脂肪（家禽）	100	
20	氯唑西林/邻氯青霉素	CLOXACILLIN			300
			肌肉（家禽）	300	
			肝脏（家禽）	300	
			肾脏（家禽）	300	
			脂肪（家禽）	300	
21	多西环素	DOXYCYCLINE	禽肾（产蛋鸡禁用）	600	600
			禽肝（产蛋鸡禁用）	300	300
			禽皮＋脂（产蛋鸡禁用）		300
			禽肌肉（产蛋鸡禁用）	100	100
			皮/脂（家禽）		
22	庆大霉素	GENTAMICIN	鸡可食组织	100	100
23	金霉素	CHLORTETRACYCLINE	鸡肉	100	100
			肾脏	600	
			肝脏	300	
24	四环素	TETRACYCLINE	鸡肉	100	100
			肝脏	300	
			肾脏	600	

（续）

序号	农兽药中文名	农兽药英文名	食品中文名	限量要求（微克/千克）	
				新加坡	中国（不包括港、澳、台地区）
25	土霉素	OXYTETRACYCLINE	肉（家禽）	100	100
			肝脏（家禽）	300	
			肾脏（家禽）	600	
26	精吡氟禾草灵	FLUAZIFOP-P-BUTYL	家禽肉	50	
27	吡虫清	ACETAMIPRID	家禽肉	10	
28	氟虫清	FIPRONIL	家禽肉（脂肪中）	20	
29	艾氏剂和狄氏剂	ALDRIN AND DIELDRIN	家禽肉（脂肪中）	50	
30	2,4-滴丁酸	2,4-DB	家禽肉	50	
31	异戊氟草	ISOXAFLUTOLE	家禽肉	50	
32	叶菌唑	METCONAZOLE	家禽肉副产品	40	
			家禽肉	40	
			家禽脂肪	40	
33	野麦畏	TRILLATE	家禽肉	100	
			家禽脂肪	200	
34	特苯噁唑	ETOXAZOLE	家禽肉（脂肪中）	20	
35	四唑嘧磺隆	AZIMSULFURON	家禽肉	40	
36	克螨特	PROPARGIT	家禽肉（脂肪中）	100	
37	腈嘧菌脂	AZOXYSTROBIN	家禽脂肪	10	
38	氟氯氢菊酯	CYFLUTHRIN	家禽肉	10	
			家禽可食内脏	10	
			家禽脂肪	100	
39	腈苯唑	FENBUCONAZOLE	家禽肉	10	
			家禽可食内脏	10	
40	赛杜霉素	SEMDRURAMICIN	鸡肝	400	
			鸡肌肉	130	
			鸡肾	200	
			鸡脂肪/皮	500	
41	卡那霉素	KANAMYCIN	肉（禽）	100	
			肝脏（禽）	600	
			肾脏（禽）	2 500	
			脂肪（禽）	100	

（续）

序号	农兽药中文名	农兽药英文名	食品中文名	限量要求（微克/千克）	
				新加坡	中国（不包括港、澳、台地区）
42	泰妙菌素	TIAMULIN	肉（禽）	100	
			肝脏（禽）	300	
			脂肪（禽）	100	
			皮（禽）	100	
43	恩诺沙星和环丙沙星总和	ENROFLOXACIN CIPROFLOXACIN (SUM OF TOTALRESIDUES)	肝脏（禽）	100	
			脂肪（禽）	10	
			皮（禽）	10	
44	双氯西林	DICLOXACILLIN	肉（禽）	300	
			肝脏（禽）	300	
			肾脏（禽）	300	
			脂肪（禽）	300	
45	苯唑青霉素	OXACILLIN	肉（禽）	300	
			肝脏（禽）	300	
			肾脏（禽）	300	
			脂肪（禽）	300	
46	百克敏	PYRACLOSTROBIN	家禽肉（脂肪中）	50	
47	啶虫脒	ACETAMIPRID	家禽肉	10	
48	乙酰甲胺磷	ACEPHATE	家禽可食用内脏	10	
			家禽肉	10	
			家禽脂肪	100	
49	矮壮素	CHLORMEQUAT	家禽肉	40	
50	青霉素	PENICILLIN	可食组织	0	

主 要 参 考 文 献

邵建明，1997. 出口禽肉加工卫生指南[M].合肥：安徽科学技术出版社.

唐昊楠，吴中海，2017. 中国输美禽肉贸易争端回顾及预判[J].中国畜禽种业，13（12）：13-15.

张凤娟，2013. 中国家禽产品出口贸易影响因素的实证研究[D].泰安：山东农业大学.

周亚军，王雪松，李圣桡，等，2019. 肉鸡制品加工技术研究进展[J].农产品加工（11）：78-82.

图书在版编目（CIP）数据

肉鸡初加工产品生产贸易与对策 / 严寒，李瑞丽，
吴忠华主编 . —北京：中国农业出版社，2022.11
（农产品国际贸易标准比对与实务丛书）
ISBN 978-7-109-30221-1

Ⅰ. ①肉…　Ⅱ. ①严…　②李…　③吴…　Ⅲ. ①肉鸡—
加工贸易—对外贸易政策—研究—中国　Ⅳ.
①F752.652.5

中国版本图书馆 CIP 数据核字（2022）第 218345 号

肉鸡初加工产品生产贸易与对策
ROUJI CHUJIAGONG CHANPIN SHENGCHAN MAOYI YU DUICE

中国农业出版社出版
地址：北京市朝阳区麦子店街 18 号楼
邮编：100125
责任编辑：廖　宁　文字编辑：李　辉
版式设计：王　晨　责任校对：吴丽婷　责任印制：王　宏
印刷：北京中兴印刷有限公司
版次：2022 年 11 月第 1 版
印次：2022 年 11 月北京第 1 次印刷
发行：新华书店北京发行所
开本：700mm×1000mm　1/16
印张：5
字数：120 千字
定价：48.00 元